Anke Nienkerke-Springer / Wolfgang Beudels

Komm, wir spielen Sprache

Handbuch zur psychomotorischen Förderung von Sprache und Stimme

borgmann

Wichtiger Sicherheitshinweis: Alle hier vorgeschlagenen Übungen und Spielideen wurden von Autor und Verlag sorgfältig erwogen und geprüft. Dennoch erfolgt ihre Durchführung auf eigene Gefahr und entbindet den/die Übungsleiter/in nicht von der Beachtung individueller Gefahrenmomente und der Planung entsprechender Sicherungsmaßnahmen. Eine Haftung des Autors bzw. des Verlages und seiner Beauftragten ist ausgeschlossen.

Veröffentlicht in der Edition:
borgmann publishing · Schleefstraße 14 · D-44287 Dortmund

4. Aufl. 2013
Gesamtherstellung: Löer Druck GmbH, Dortmund
Titelfoto + Fotos: Beudels

Bestell-Nr. 8133 ISBN 978-3-86145-341-3

Inhalt

Zum Geleit

Das vorliegende Buch ist ein Zeugnis einer interdisziplinären Kooperation in mancherlei Hinsicht.

In „vertikaler“ Hinsicht zeigt es eine gelungene Verbindung zwischen handfesten, brauchbaren praktischen Übungen zur Verbindung von Bewegung und Sprache auf einer wissenschaftlich – theoretischen Fundierung. Beide Autoren vereinen in ihrer Person langjährige praktische Erfahrungen und sind zugleich als Wissenschaftler ausgewiesen. Dies schlägt sich in diesem Buch nieder.

In „horizontaler“ Hinsicht ist es ein glückliches, nicht additives, sondern integratives Vorgehen in der Förderung sprach- und bewegungsauffälliger Kinder.

Neuere entwicklungspsychologische Forschungen und solche zur Sprachentwicklung machen es schwer vertretbar, *Sprache* und *Bewegung* als zwei Kompetenzbereiche zu betrachten, die getrennt, jede für sich, mechanistisch und funktionell zu fördern sind.

An der Universität Dortmund besteht innerhalb der Fakultät für Rehabilitationswissenschaften seit acht Jahren eine enge Kooperation zwischen den Fächern *Bewegungserziehung/Bewegungstherapie* und *Rehabilitation bei Kommunikations- und Sprachstörungen.* Dies aus (mindestens) zwei Gründen. Der erste Grund resultiert aus der Erkenntnis, dass *jede Sprache aus einer Abstraktion von Bewegung und Bewegungsabläufen* besteht. Das erste „Erkennungszappeln“ des Säugling gegenüber seiner Betreuungsperson, begleitet mit einem Lächeln, wird von dieser als erste kommunikative Sprachäußerung behandelt. Deshalb lernt das Kind, sich in Bewegung und Lautierung intentional zu äußern. Ein natürlicher, selbstverständlicher Regelkreis, der in Therapie und Förderung von Kindern mit Entwicklungsverzögerungen, -störungen und -behinderungen lange und oft keine Berücksichtigung fand und immer noch nicht immer findet.

Auch der zweite Grund ist wissenschaftlicher Art. Eigene, für sich abgeschlossene Konzepte kann es bei Behinderungen, Störungen und Gefährdungen nicht (mehr) geben. Das enorme Fachwissen, das sich in den letzten Jahren aus den Spezialisierungen der einzelnen Fachdisziplinen angehäuft hat, bleibt in der Praxis ineffizient, wenn es nicht abgestimmt, integrativ und interdisziplinär eingesetzt wird.

Der dritte Grund ist rein personeller und persönlicher Art. Bei der Zusammenarbeit beider Disziplinen, *im Zentrum für Beratung und Therapie an der Universität Dortmund,* Fakultät für Rehabilitationswissenschaften, haben sich seit mehreren Jahren Menschen mit Fachwissen begegnet, die Freude daran hatten, miteinander zu kooperieren und zu arbeiten. Aufgrund dieser gelungenen Verbindung konnten sich weitere Menschen begegnen, die gerne miteinander kooperierten. Projekte konnten gemeinsam geplant und durchgeführt werden, sei es in der Forschung, in der Ausbildung, Weiterbildung oder sei es auch in ganz handfesten, praktischen Therapie- und Förderprojekten.

Dieses Buch, das sich an Praktikerinnen und Praktiker, an interessierte Pädagoginnen und Pädagogen jeglicher Art und Fachrichtung richtet, kann als eine kreative Frucht einer solchen gelungenen Zusammenarbeit angesehen werden. Für die Autorin und den Autor dieses Bandes sind Praxis, Fachwissen und Wissenschaft verzahnte, sich gegenseitig befruchtende Domänen. Der Gewinn kommt vor allem und schlussendlich den Kindern und ihren entsprechenden betreuenden Fachpersonen zugute, die in den Genuss einer kind- und störungsgerechten Förderung kommen, die noch dazu mit Spaß und Humor für alle Beteiligten begleitet wird.

Univ. Prof. Nitza Katz-Bernstein
Dortmund, im September 2001

Vorwort

„Das Wort macht den Menschen frei. Im Spiel ist das Kind frei." – Diese Worte stammen von einem der Pioniere der russischen Psychologie im 20. Jahrhundert: L. S. Wygotsky. Er trifft damit genau den Kern, um den es immer geht, wenn Sprache und Spiel zum Thema gemacht werden – es geht hier um nicht mehr und um nicht weniger als um Freiheit, genauer: um die Freiheit, Zeit und Raum nutzen zu können, denn Sprache leistet genau das: Sie macht den Menschen unabhängig von Zeit und Raum, dient dazu, Wissen zu bewahren und sich über Dinge verständigen zu können, selbst wenn diese nicht real, sondern bloß im Geiste anwesend sind. *Komm wir spielen Sprache* ist in diesem Sinne ein Buch, das Menschen, hier vor allem Kindern, Freiheit schenken möchte. Dabei geht es in diesem Buch gar nicht um Sprache in einem strengen linguistischen Sinn. Es stellt hier in erster Linie das Sprechen, die Stimme und deren Förderung in psychomotorischen Spielsituationen in den Vordergrund. Nun sind Kinder aber – zum Glück – keine Linguisten, und sie würden von sich aus Sprache (als Kompetenz) und Sprechen bzw. Stimme (als Performanz) niemals voneinander trennen. Für Kinder sind die Benutzung der Stimme und das Sprechen integral mit ihrem Sprachbesitz verbunden.

Was zeichnet den Zusammenhang von Spiel im Allgemeinen, psychomotorischem Spielen im Besonderen und Sprache aus? Meine Antwort lautet: Spielen ist die kindgemäße Form des Handelns, und Sprache ist, wie es der Sprachpsychologe Hans Hörmann in den siebziger Jahren ausdrückte, die „Fortsetzung des Handelns mit einem anderen Mittel". Jean Piaget, genau wie der eingangs zitierte L. S. Wygotsky, einer der ganz bedeutenden Psychologen des zwanzigsten Jahrhunderts, sah im Spiel die „Brücke von der Handlung zur Vorstellung". Schon die sensomotorischen Funktionsspiele des Säuglingsalters lassen das kleine Kind Wirklichkeit konstruieren. Eigene Handlungen werden koordiniert und Objekte werden in Beziehung zueinander gesetzt. So entstehen Strukturen, die, einmal vorhanden, zur Grundlage des sich fortsetzenden Erkenntnisgewinns werden. Damit ein Kind in seiner Entwicklung voran kommt, müssen seine vorhandenen Fähigkeiten reifen. Dieses geschieht in unauflöslicher Wechselwirkung mit seinen Spiel- und Übungserfahrungen. Übung, Nachahmung, Wiederholung, kurz: ständige Prozesse der Aneignung von Welt und der Angleichung an die Welt, bringen ein Kind weiter – aber nur, wenn es nicht „dressiert", sondern zu aktiver Konstruktion veranlasst wird. *Komm wir spielen Sprache* setzt hier an. Dieses Buch bietet Praktikern eine wohl geordnete große Menge an Spiel- und Übungsideen für kleine und für große Gruppen und auch für die Einzelarbeit an. Es ist ein Gewinn für

Pädagoginnen und Pädagogen jedweden Einsatzbereiches; es hilft bei der Planung von Spielphasen innerhalb von Sportstunden in Kindergarten und Schule genauso wie bei der Durchführung von Fördereinheiten im sonderpädagogischen, sprachheilpädagogischen und logopädischen Bereich.

Ich erinnere mich gern daran zurück, wie mir als Berufsanfänger vor etwa zwanzig Jahren die Psychomotorik zu einem wesentlichen Element der praktischen Arbeit geworden ist. Sie wurde es, weil ich sehr schnell spürte, dass Kinder den Freiraum des Spiels und der Bewegung brauchen. Sie wurde es aber nicht zuletzt auch deshalb, weil psychomotorisches Arbeiten immer etwas mit Selbsterfahrung zu tun hat. Und ich merkte, dass Selbsterfahrung in pädagogischen Einsatzfeldern unbedingt erforderlich ist. Geht es doch hier immer um Begegnungen mit anderen Menschen, die es gilt, in ihrem So-Sein anzunehmen, die in ihrem So-Geworden-Sein verstanden werden wollen. Alle, die mit diesem Buch arbeiten, sind somit aufgerufen, die Spiele und Übungen mitzumachen. Sie sollten sich in einem anthropologischen Sinne selbst überwinden. Gemeint ist damit der Versuch, durch eigenes Tätig-Werden eine Offenheit zu erlangen, die dem Gegenüber, also dem Kind, Freiräume der Entfaltung zugesteht. Emotionalität und Phantasie, Kreativität und soziale Erfahrung werden dann zu einer Einheit verschmelzen.

Komm wir spielen Sprache ist ein Buch, das die Leserinnen und Leser auch sinnlich ansprechen möchte. Die vielen aussagekräftigen Fotos werden gewiss dazu motivieren, es häufig in die Hand zu nehmen. Sie tragen auch dazu bei, sich immer wieder schnell zu orientieren. Dass unter den oftmals stressreichen Bedingungen des Berufsalltags dabei der Gedanke an den Zusammenhang von Sprache, Spiel und Freiheit nicht vergessen wird und dass dieses Buch stets zur Achtsamkeit im Umgang mit Kindern beitragen möge, ist ein hoffentlich zu realisierender Wunsch!

Dr. päd. Reiner Bahr
Düsseldorf, im September 2001

Zur Entstehung des Buches

Aus gemeinsamen Projekten und Veranstaltungen der Autoren, wie z.B. die „6. Lernwerkstatt Psychomotorik" 1998 der Fakultät Rehabilitationswissenschaften an der Universität Dortmund zum Thema „Bewegung und Sprache", entwickelte sich die Idee zu diesem Buch. Es fließen hier zwei zunächst unterschiedliche Arbeitsbereiche zusammen: Sprach- und Stimmtherapie auf der einen und Bewegungserziehung/-therapie auf der anderen Seite. Beide setzen sich das Ziel, Kinder in ihrer Entwicklung zu fördern und zu begleiten. Beide weisen sich durch Erfolge in ihren jeweiligen Tätigkeitsfeldern aus. Seit längerem gibt es gemeinsame Konzepte und Ansätze, die sich jedoch vorwiegend auf therapeutische Kontexte beziehen. Intention dieses Buches ist es, die therapeutisch-rehabilitative Ausrichtung dieser Konzepte um eine eher pädagogische Vorgehensweise zu ergänzen. Ausschlaggebend für uns war dabei der Wunsch vieler Fachkräfte aus Kindergärten, Tagesstätten und (Grund-)Schulen, Anregungen für die tägliche Praxis zu erhalten, stellen sie doch fest, dass Auffälligkeiten im Hinblick auf Sprache und Bewegung bei Kindern auch in Regeleinrichtungen zunehmen. Ihnen sollen durch ein breit gefächertes Übungs- und Spielangebot Impulse gegeben werden, die eine alltagsnahe Förderung dieser Kinder, gemeinsam mit anderen, ermöglichen.

Auf dem Weg von der Idee zur Realisierung stand uns eine Gruppe sehr interessierter Studierender zur Seite. Diesen sei an dieser Stelle ein ganz besonderer Dank ausgesprochen. Sie beteiligten sich mit wertvollen theoretischen und praktischen Beiträgen an der Entstehung des Buches und haben mit viel Kreativität und Initiative zum Gelingen beigetragen. Wir erwähnen sie an dieser Stelle gerne: Daniela Büch, Annette Göbel, Katja Holland, Sabine Iffland, Katrin Nagelsmeier, Lydia Schwettmann, Verena Stork, Irene Simon, Tanja Smolenski, Marion Schwickerath, Nina Skrowonski, Stephanie Will.

Theorieteil

1. Leitideen

Stimme, Sprache, Bewegung – Schlagworte, die auf Selbstverständlichkeiten des Lebens abzielen und in vielen Metaphern unserer Sprache zum Vorschein kommen. „Jetzt bin ich aber sprachlos“ sagen wir, wenn uns aus Freude, Enttäuschung oder auch vor Schreck die Worte fehlen. In diesen Augenblicken sagt manchmal ein Blick, eine Geste mehr als tausend Worte. In unangenehmen Situationen spüren wir auch einen „Kloß im Hals“, und im positiven Einklang mit uns selbst sprechen wir von Gefühlen der „Stimmigkeit“. Wir „stimmen uns auf Personen und Situationen ein“ und stellen fest, das etwas „nicht stimmig“ ist. Das Erleben eines „bewegten“ Augenblicks, gefühlvolle Momente des Lebens „bewegen“ uns in unserem tiefsten Innern, werden sie doch in der Poesie in klangvolle Worte gefasst und zur Sprache gebracht. Ganz im Gegensatz zu Situationen, wo wir „rasen“ vor Wut, einen „Veitstanz“ aufführen oder uns „biegen vor Lachen“.

Dies sind kleine Beispiele des Lebens, die uns Hinweise auf großartige Möglichkeiten des Menschen geben, nämlich sich über Stimme, Sprache und Bewegung auszudrücken. Diese wunderbare Möglichkeit, uns über verschiedene Kanäle auszudrücken nehmen wir als etwas so Selbstverständliches an, dass, erst wenn diese in Frage gestellt ist, sie in den Mittelpunkt der Aufmerksamkeit rückt.

Übergreifendes Ziel des Buches ist es, verschiedenen, v.a. in Regeleinrichtungen tätigen Fachkräften für ihre alltägliche Arbeit im Sinne des Titels „Komm’, wir spielen Sprache“ neue Anregungen zu geben. Dabei geht es v.a. darum, Sensibilität für das Problemfeld „Stimme, Sprache und Bewegung“ herzustellen. Nicht zuletzt steht das Entdecken von Ressourcen, Ideen und Umsetzungsmöglichkeiten im Mittelpunkt.

Über eine psychomotorische Vorgehensweise, die naturgemäß Bewegung, Spiel und Sport in den Mittelpunkt des Geschehens rückt, ergeben sich vielfältige Möglichkeiten im Hinblick auf eine alltagsnahe und integrative Förderung von Kindern mit Sprach- und Stimmauffälligkeiten. Eine kind-, spiel- und bewegungsorientierte Förderung zeichnet sich u.a. dadurch aus, dass das Kind

- zu einem großen Teil selbsttätig und selbstbestimmt am Geschehen teilnehmen kann und von sich aus aktiv werden kann,
- ein hohes Maß an Selbstwirksamkeit erfährt, die Erfolg wie Misserfolg auf die eigene Person zurückverweist und
- sich in einer Gruppensituation befindet, die eine übermäßige Erwachsenenorientierung verhindert.

Wenn auch dieses Handbuch primär auf Regeleinrichtungen, wie Kindergärten, Tagestätten und (Grund-)Schulen usw., ausgerichtet ist, so finden auch Fachkräfte aus integrativen, sonderpädagogischen und therapeutischen Einrichtungen vielfältige Anregungen zur (bewegten) Ergänzung und Erweiterung ihres Angebots. Nicht zuletzt ergeben sich auch für Eltern zahlreiche Möglichkeiten, im familiären Rahmen diese Spiele und Übungen zu nutzen.

Wir möchten Mut machen, die im Buch niedergeschriebenen Übungen auszuprobieren, zu modifizieren und eigene Phantasie sowie Risikobereitschaft im Umgang damit zu entwickeln. Begegnung (mit unbekannten Menschen, anderen Wesen, neuen Übungen usw.) bedeutet dabei immer Risiko. Mal mehr, mal weniger.

„Zu kleine“ Räumlichkeiten, „zu wenig“ Materialien, „zu knappe“ Zeit usw. sind nicht als unüberwindliche Barrieren und Grenzen anzusehen, sondern als Chance zur Entdeckung „anderer“ Möglichkeiten wie auch zur Erweiterung des eigenen Ideenschatzes.

Im Spielen und im spielerischen Üben werden unterschiedliche Entwicklungsprozesse initiiert. Diese beziehen sich u.a. auf

- die körperliche und seelische Entwicklung,
- die Sprach-, Kontakt- und Kommunikationsfähigkeit,
- die Konfliktfähigkeit,
- die Erlebnisfähigkeit und
- den Selbstwert und das Selbstvertrauen.

Spielen bedeutet Lust, Freude, positive Anregung und ein angemessener Wechsel von An- und Entspannung. Über Spielen kann Kreativität entwikkelt und erweitert werden. Es stellt etwas grundsätzlich Befriedigendes im Leben des Kindes und auch des Erwachsenen dar. „Offenheit und Wachsamkeit tragen als Qualitäten dazu bei, die wirklich entscheidenden Momente des Lebens zu erkennen“ (Nienkerke-Springer 2001,184).

2. Stimm- und Sprachentwicklung als kommunikativer Prozess

2.1 Kommunikation

Kommunikation ist ein komplexes Geschehen und wird von verschiedenen Wissenschaften unterschiedlich definiert. Kommunikation, lat. *communicatio*, bedeutet Mitteilen und Austauschen. Der Begriff fasst die Möglichkeiten zusammen, mit denen der Mensch Informationen austauschen kann, die durch das Miteinanderreden, durch Mimik und Gestik, durch Handlungen und stimmliche Äußerungen passieren.

Festzuhalten ist, dass, wenn wir von zwischenmenschlicher Kommunikation sprechen, mehr gemeint ist als nur ein reiner Informationsaustausch. Zwischenmenschliche Informationen werden nicht wie eine „Ware“ ausgetauscht. Verständigung zwischen Menschen beruht nicht nur auf einen Austausch von Informationen, sondern darauf, dass Sprecher und Hörer kreative und kognitive Leistungen im Kontext des Verstehens oder Ausdrückens vollbringen.

Mit Hilfe kommunikativer Signale können wir unsere Absichten, Emotionen und physische Zustände ausdrücken. Wissen und Traditionen können auf diese Art und Weise weitergegeben sowie soziale Strukturen entwickelt und soziale Prozesse geregelt werden.

Jedes sichtbare Verhalten hat dabei nach WATZLAWICK (1969) einen Mitteilungscharakter. „Man kann nicht nicht kommunizieren“ sagt er, denn Kommunikation ist somit ein Verhalten, und es ist nicht möglich, sich nicht zu Verhalten. Es kommen also grundsätzlich alle möglichen Verhaltensweisen eines Menschen als Informationsträger in Betracht, ob sie nun beabsichtigt, willkürlich oder unwillkürlich, bewusst oder unbewusst ausgeübt werden. Vertreter der Säuglingsforschung wie beispielsweise STERN (1993), PAPOUSEK (1994) und LICHTENBERG (1991), die die vorsprachliche Phase des Kindes in den Blick nehmen, stellen die Bedeutung einer wechselseitigen dialogischen Interaktion und die damit einhergehende Entwicklung sozialer Fähigkeiten und kommunikativer Dimensionen im Mittelpunkt der Betrachtung. Die Fähigkeit zur Kommunikation und der damit verbundene Spracherwerb stellen wichtige Meilensteine im Sozialisationsprozess des Kindes dar. Durch die Entwicklung der Sprache setzt sich das Kind zunehmend mit seinen Bezugspersonen auseinander. Diese stellen wichtige Weichen für die psychosoziale Entwicklung des Kindes. Gerade der „Mutter-Kind-Interaktion“ kommt eine wesentliche Bedeutung für die Vermittlung kultureller Normen und Werte zu, in der die für den sozialen Umgang notwendigen Kommunikations- und Sprachregeln erfahren und gelernt werden.

Von dieser Annahme geht auch Brunner (1987) in seinem interaktionistischen Ansatz aus, der in der Mutter-Kind-Interaktion eine wesentliche Bedeutung für die Vermittlung kultureller Normen und Werte sieht, woraus im sozialen Umgang notwendige Kommunikations- und Sprachregeln erfahren werden. Die daraus gewonnenen Fähigkeiten bewirken in einem aufeinander abgestimmten Zusammenspiel die Möglichkeit für eine aktive und selbstgesteuerte Kontaktaufnahme. Dem Stellenwert der Eigentätigkeit, Aktivität und Entscheidungskompetenz des Kindes wird dadurch eine wesentliche Bedeutung beigemessen.

Durch die Entwicklung der Sprache setzt sich das Kind zunehmend mit seinen Bezugspersonen auseinander. Bronfenbrenner (1981) beschreibt unter Einbeziehung von Erkenntnissen aus der Sozialforschung und Entwicklungspsychologie vier Lebensbereiche, die zur Verdeutlichung relevant sind. Jeder Übergang stellt einen wichtigen Schritt für die Sozialisation des Kindes dar. Entscheidend in der Entwicklung des Kindes auf dem Weg zu seinem eigenen kommunikativen Ausdruck ist dabei das interaktive Verhalten der Eltern und Bezugspersonen. Diese Bereiche charakterisieren sich wie folgt:

- Das Mikrosystem (der unmittelbare Lebensraum der die sich entwickelnde Person umgibt)
- Das Mesosystem (es umfasst die institutionalisierten und informellen Beziehungen zwischen den Mikrosystemen, d.h. Interaktionen zwischen Familie und Schule, Kindergarten usw.).
- Das Exosystem (Lebensbereiche, die indirekten Einfluss nehmen, an denen die sich entwickelnde Person nicht selbst beteiligt ist, in denen aber Ereignisse stattfinden, die beeinflussen, was in ihrem Lebensbereich geschieht, oder die davon beeinflusst werden).
- Das Makrosystem (als äußerer Bereich stellt es den kulturellen Überbau dar, die gesellschaftlichen Normen, Werte und Ideologien).

Schließlich erlernt das Kind Sprache nicht der Sprache wegen, sondern um mit seiner Umwelt zu kommunizieren. Ihm stehen dabei zwei Kommunikationsebenen zur Verfügung, die verbale und die nonverbale, die Körpersprache. Um einen umfassenden Informationsaustausch herzustellen, sind beide Ebenen notwendig.

Über eine Verbindung zwischen dem emotionalen und stimmlichen Ausdruck berichteten schon Bühler et al. (1934) die zu der Erkenntnis kamen, dass Säuglinge ein Verständnis zwischen Mimik und stimmlichen Merkmalen herstellen können.

WATZLAWICK unterscheidet einen Inhalts- und einen Beziehungsaspekt während SCHULZ VON THUN (1997) die „Anatomie einer Nachricht“ differenziert, so dass ein und dieselbe Nachricht stets vier Botschaften gleichzeitig trägt, nämlich:

- Sachinhalt, der darüber etwas aussagt worüber informiert wird (das Wetter, Personen usw.).
- Selbstoffenbarungsaspekt, der über die Person des Sprechers etwas aussagt (ob er wütend oder interessiert ist usw.),
- Beziehungsaspekt, der über die Beziehung zwischen Sprecher und Hörer etwas aussagt,
- Appell, der aussagt, wozu der Sprecher den Hörer veranlassen möchte

In der Kommunikation zwischen Menschen spielt der Beziehungsaspekt eine bedeutende Rolle. In besonderem Maße kommt hier im Sinne einer Beziehungsdefinition zum Vorschein, was sozusagen „mitschwingt oder dazwischen schwingt“. Eine Verständigung auf der Beziehungsebene („ich akzeptiere deine Sicht“, „ich stimme ihr zu“) stellt die Voraussetzung für eine Verständigung auf der Inhaltsebene dar. Wir reagieren in erster Linie gefühlsmäßig (meist unbewusst) darauf, wie der Partner etwas sagt, und weniger darauf, was er sagt. „Der Ton macht die Musik“ heißt es, und oftmals findet statt sachlicher Auseinandersetzungen ein kräftezehrendes Tauziehen um Beziehungsklärungen statt.

Ohne das weite Spektrum kommunikativer Ebenen in Einzelheiten aufzuzeigen, wird deutlich, dass Signale auf verschiedenen Übertragungskanälen gleichzeitig zur Kommunikation beitragen. Es zeigt sich die Komplexität von Kommunikation, an der der ganze Mensch beteiligt ist. In erster Linie steht dabei Sprache als speziell menschliche Form der Kommunikation im Zusammenhang mit der mündlichen Kommunikation sowie als verbales Signalsystem Stimme und Körpersprache (Mimik, Gestik, Raumverhalten) als nonverbales System im Vordergrund. Beide sind zu einem umfassenden Informationsaustausch notwendig.

So erfährt ein Kind von Geburt an über prosodische Elemente der Stimme, d.h. Klang, Dynamik, Lautstärke usw., einen Einstieg in die Muttersprache und erlebt damit das Wunder, die Persönlichkeit durch Stimme ausdrücken zu können.

2.2 Stimme im Kommunikationsprozess

Die Stimme des Kindes steht besonders unter entwicklungspsychologischen Betrachtungen in verschiedenen Entwicklungsphasen mit im Mittelpunkt interaktiver Abläufe. Die Stimme stellt sozusagen eine Konzeption in der psycho-sozialen Entwicklung dar und wird in ihrer Funktion in verschiedenen Lebensphasen geprägt.

Über verschiedene Entwicklungsphasen zeigt NIENKERKE-SPRINGER (2000) auf, dass die stimmliche Entwicklung mit interagierenden Modalitäten korrespondiert und sich in einem beständigen wechselseitigen Dialog interaktiver Kommunikationsformen vollzieht.

Somit liegt unter kommunikativen Gesichtspunkten eine Auseinandersetzung sowohl mit der sprachlichen als auch mit der stimmlichen Entwicklung nahe. Schließlich lernt das Kind Sprache nicht um seiner Selbst Willen, sondern um mit Bezugspersonen zu kommunizieren. Die dazu notwendigen Fähigkeiten ergeben sich aus einem fein abgestimmten Zusammenspiel sprachlicher, stimmlicher und motorischer Handlungen mit dem Ziel, zur aktiven und selbstgesteuerten Kontaktaufnahme zu kommen. So gesehen vollzieht sich Sprachentwicklung in einer Kontinuität zwischen Strukturen verbaler und nonverbaler Kommunikation sowie im Zusammenspiel der Bewegungsentwicklung.

2.3 Stimme als Träger von Sprache

Unter naturwissenschaftlicher, kulturgeschichtlicher und musikwissenschaftlicher Perspektive wird das „Phänomen Stimme“ mit seinen Besonderheiten aus unterschiedlichen Blickwinkeln Beachtung geschenkt. Die unterschiedlichen Facetten zeigen sich dabei in lautmalerischen Begrifflichkeiten. So wird die menschliche Stimme als „lauthafte Biographie“, „Visitenkarte“ und „Spiegel der Seele“ betrachtet.

Als klingender Atem und tönende Kundgebung des Lebens ist sie Spiegel der stärksten Unterschiede des Menschen und Spiegel der individuellen Besonderheiten innerhalb der Geschlechtsgattung: der Persönlichkeit. Die Bezugspersonen nehmen dabei in ihrer physiologischen Vorbildfunktion eine Schlüsselfunktion ein.

Für die sprachliche Kommunikation erfüllt die Stimme eine Vielzahl von Funktionen. Als Träger der Sprache macht sie das Gesprochene hörbar, eine sprachliche Mitteilung verständlicher und wirkungsvoller. Sie kann:

- das Gesagte begleiten und unterstützen im Sinne einer kongruenten Kommunikation (z.B. im Brustton der Überzeugung ein „Ja" überzeugend sagen)
- das Gesagte abschwächen (z.B. ein „Nein" nur zögerlich gesprochen)
- das Gesagte verstärken (z.B. ein „Bitte" im Befehlston)
- dem Gesagten widersprechen (z.B. Ironie widerspiegeln)
- die Sprache ersetzen (z.B. „Oh", „Ah", als Ausdruck des Erstaunens, der Entrüstung)
- dem Gesprächspartner Unterstützung beim Zuhören geben (z.B. „hm-hm", „ja, so" o.ä. Laute während eines Gesprächs)

Die menschliche Stimme ist somit nicht nur als eine technische Voraussetzung für die Ausbildung der Sprache des Menschen anzusehen. Indem sie über ihren lebendigen Ausdrucksgehalt in einem engen Wechselbezug mit der Sprache steht kann sie unser Empfinden und Erleben auch ohne Worte zum Ausdruck bringen (vgl. Habermann 1996).

2.4 Sprach- und Stimmentwicklung

Die Entwicklung der Kinderstimme beginnt bereits mit dem ersten Schrei nach der Geburt. Alle für die Kommunikation benötigten anatomischen Voraussetzungen sind bereits angelegt und ausgebildet, weisen aber im Gegensatz zum Erwachsenen noch anatomische und funktionelle Unterschiede auf. Die weitere Entwicklung der Stimme des Kindes steht in enger Verbindung zu physiologischen Prozessen und mit der Reifung des Zentralnervensystems. Ein weiterer wesentlicher Aspekt ist die zunehmende Funktionsfähigkeit und Differenzierungsfähigkeit des Gehörs.

Diese, auf intrapersonelle kindliche Reifungsprozesse zurückzuführenden Veränderungen reichen aber zur optimalen Entwicklung der kindlichen Stimme allein nicht aus, da Kinder bei der Entwicklung ihrer Lautäußerungen auf ihre soziale Umwelt angewiesen sind. Die angeborenen Fähigkeiten müssen mit komplementären frühpädagogischen Kompetenzen der Eltern zusammenwirken, d.h. das Anpassungsleistungen bezogen auf Verhalten, Mimik, Gestik, Körperhaltung und vor allem Sprechweise und Stimme den Eigenarten und Vorlieben des Kindes angepasst werden. So schafft ein positives emotionales Klima eine Umgebung, in dem der Säugling sich sicher und geborgen fühlt, oder ein aktiv-aufmerksamer Wachzustand Voraussetzungen, in denen er am besten lernt. Das Profil der elterlichen Anpassung wird dabei sukzessive dem individuellen Entwicklungsstand des Kindes angepasst, so dass in den Entwicklungsphasen unterschiedliche Schwerpunkte dominieren.

Dem Stellenwert der Eigentätigkeit, Aktivität und Entscheidungskompetenz des Kindes wird zunehmend mehr Bedeutung beigemessen. Bezugspersonen stellen zum einen über die stimmliche physiologische Vorbildfunktion als auch über interaktives Verhalten wichtige Weichen für die psychosoziale Entwicklung des Kindes.

Im folgenden wird ein kurzer Abriss über die wesentlichen Entwicklungsphasen der Kinderstimme vorgenommen um die wesentlichen Phasen aufzuzeigen (vgl. Nienkerke-Springer 2000, 42ff).

Die Phasen zeigen jeweils einen unterschiedlichen Komplexitätsgrad in Bezug auf die stimmliche Entwicklung. Die verschiedenen Ausprägungen der Stimme treten dabei nicht isoliert, sondern in fließenden Übergängen auf, wobei es sogenannte „konzentrierte Perioden" gibt, in denen bestimmte Laute vorrangig geübt werden und dadurch gehäuft auftreten. Es gibt dabei große interindividuelle Unterschiede und individuelle Instabilitäten.

Die erste stimmliche Äußerung des Neugeborenen, der Geburtsschrei, ist ein reflektorischer Schrei. Dieser wird vom Kind in den ersten Wochen nach der Geburt im wesentlichen beibehalten und tritt vor allem als Reaktion auf unlustbetonte Empfindungen auf, z.B. bei Nässe, Kälte oder Hunger. Die Säuglingsschreie geben Auskunft über den Grad des Unbehagens und momentaner Befindlichkeiten.

Ab der vierten bis fünften Lebenswoche des Säuglings treten modulierte Schreie auf die eine Differenzierung der Stimmeinsätze in „hart und weich" aufweisen. Harte Stimmeinsätze deuten dabei auf Unbehagen und Unlust hin, während weiche Stimmeinsätze demgegenüber Wohlbefinden oder Freude zeigen. Zu diesem Zeitpunkt treten schon einfache Variationen der Tonhöhe, Lautstärke und Dynamik auf.

Im Gegensatz zu den harten Stimmeinsätzen, die als „echtes" Schreien erhalten bleiben, entwickeln sich die weichen Stimmeinsätze in kommunikativer Hinsicht weiter. Schrittweise entwickelt der Säugling über basale artikulatorische Merkmale seine Laute, die immer sprachähnlicher werden.

Im Vorsilbenstadium (ca. 1.-7. Monat) werden dann vom Säugling universelle Artikulationsmerkmale eingeübt, wobei zunächst in den Gurrlauten die melodische Exploration und vokalartige Resonanz im Vordergrund stehen. Zum Ende dieser Phase kommt es dann zum explorativen Spiel mit der Stimme, wobei die Entdeckung des stimmlichen Potentials in Bezug auf Stimmregister, Lautstärke, Dynamik, Klangfarbe, Geräusche, Dauer und Rhythmus im Vordergrund steht.

Im Silbenstadium (ca. ab 7. Monat) machen sich die Kinder universelle Grundeigenheiten der Sprache zu eigen. Das Silbenstadium ist eine Phase des stimmlichen Spiels, in dem Kinder alle Möglichkeiten ihres Stimmapparates ausprobieren. In prosodischer Hinsicht kommt es in dieser Phase zu einer verstärkten Annäherung an die Standardlautsprache.

Parallel zu den Silben erscheinen die ersten Protowörter, d.h. Wörter, die nur in einigen oder wenigen Lauten mit der Originalsprache übereinstimmen (z.B. „Balla") mit kontinuierlich ansteigender Häufigkeit. Mit dem Erscheinen dieser Wörter wird sozusagen das Einwortstadium eingeleitet, das der Einübung der Phonologie der Muttersprache dient. Im Anschluss daran treten die ersten „richtigen" Wörter auf, und die Stimme wird zunehmend zum Träger der Sprache.

Bis zur Pubertät wird insbesondere die Intonation in zunehmender Feindifferenzierung erprobt und gelernt bis, eine ausgeprägte Modulationsfähigkeit und ein differenzierter stimmlicher Ausdruck möglich ist. Nach Abschluss der Postmutationsphase (nach dem Stimmbruch) erhält die Stimme zunehmend ihre individuelle klangliche Ausprägung.

Festzuhalten ist, dass die Entwicklung stimmlicher Lautäußerungen und die Entdeckung „des Wunders der Sprache" in enger Beziehung zur sozialen Umwelt des Kindes steht und mit weiteren interaktiven Modalitäten (Bewegung, psychosozialen Themen usw.) korrespondiert.

Wie bereits erwähnt, haben stimmliche Vorbilder einen wesentlichen Einfluss auf die Entwicklung der Stimme und Persönlichkeit des Kindes. Jeder Mensch unterliegt in seinem Sozialisationsprozess diesem Einfluss und zieht seine individuellen Konsequenzen daraus. Sein individueller Sprechstil stellt sozusagen eine Anpassungsleistung an gesellschaftliche stimmliche Merkmale, Normen und kulturelle Bedingungen dar.

Wir alle unterliegen in unserem Sozialisationsprozess dem Einfluss von Vorbildern. Kindergarten und Schule nehmen dabei ein breites Aufgaben- und Verantwortungsfeld im Rahmen einer stimm- und bewegungsorientierten Förderung sowie der Vermittlung kommunikativer Kompetenzen ein. Als stimmliche Vorbilder vermitteln Bezugspersonen einen möglichen Umgang mit der Stimme, der Sprache und ihrer unterschiedlichen Ausdrucksformen. Somit trägt eine Nachahmung physiologisch ungünstiger Stimmen, wie sie bei stimmlichen Auffälligkeiten der Bezugspersonen vorkommen können zu einem unökonomischen Gebrauch der Stimme bei. Damit verbundenen ist häufig auch eine Fehlfunktion der Atmung und Haltung.

Obgleich eine leistungsfähige Stimmentwicklung in anatomischen und physiologischen Grundlagen verankert ist, stellt dieses nur einen Aspekt in der stimmlichen Entwicklung dar. Von besonderer Bedeutung sind ebenso die Aspekte: Körperwahrnehmung sowie Bewegungs- und Ausdrucksfähigkeit. Die Bedeutung der Stimmgebung vor dem Hintergrund weiterer Entwicklungsaspekte (Bewegungsentwicklung) sowie die Gestaltung der zwischenmenschlichen Kommunikation kann als Basis einer umfassenden Persönlichkeitsentwicklung des Kindes angesehen werden.

Eine Förderung der Entwicklung des Ausdruckspotentials des Kindes zieht also auch eine selbstreflexive Haltung des Erwachsenen nach sich. Er hat als kommunikatives Vorbild dafür zu sorgen, kommunikative Ausdrucksmittel (Sprache, Stimme, Haltung) ökonomisch einzusetzen, was wiederum gerade in der Arbeit mit Kindern im Sinne der eigenen Psychohygiene notwendig ist. Dazu gehören ebenso Seminare für Pädagogen, die für das Thema sensibilisieren und Wege aufzuzeigen für

- ein adäquates sprachliches Verhalten in Gruppensituationen,
- eine individuelle Einschätzung in Interaktionen,
- die Vermeidung stimmlicher Überforderung,
- den Einsatz eines ökonomischen Stimmgebrauchs und
- den Transfer zu spezifischen kommunikativen Kontexten.

Eltern sowie Erzieherinnen und Lehrerinnen sollten sich darüber bewusst sein, dass sie als beeinflussende Bezugspersonen in jeder Hinsicht ein stimmliches Vorbild für Kinder darstellen. Unter präventiven und praxisrelevanten Gesichtspunkten ist es notwendig, Maßnahmen zu ergreifen, die sowohl die Kinder als auch die Erwachsenen im Auge behalten.

Im Rahmen dieses Buches werden schwerpunktmäßig Möglichkeiten aufgezeigt, die sich im Sinne einer ganzheitlichen Entwicklungsförderung auf präventive Maßnahmen konzentrieren und weniger den Anspruch therapeutischer Interventionen erheben. Überlegungen zu einer sinnvollen Prophylaxe kindlicher Stimmen in Verbindung einer ganzheitlich ausgerichteten psychomotorischen Förderung stehen im Vordergrund unseres Interesses. Ziel ist es zu erkennen, dass Kindergarten und Schule ein breites Aufgaben- und Verantwortungsfeld im Kontext einer stimm- und bewegungsorientierten Förderung einnehmen. Der Erfolg präventiver Maßnahmen zur Verhinderung von kindlichen Stimm- und Bewegungsstörungen sollte daher in der Zusammenarbeit aller im Umgang mit Kindern tätigen Berufs- und Personengruppen gesehen werden.

3. Entstehung und Auswirkungen von Sprach- und Stimmstörungen

Jedes 12. Kind im Alter von 3-10 Jahren ist stimmauffällig, womit Stimmstörungen wesentlich häufiger als vergleichsweise Stottern sind. Wie hört sich nun eine auffällige Kinderstimme an? Wie klingt eine gesunde Kinderstimme? Trotz der auftauchenden Probleme, auditive Eindrücke schriftlich zu fixieren sollen im Folgenden einige wichtige Hinweise zur Erkennung von stimmlichen Auffälligkeiten bei Kindern gegeben werden.

Wenden wir den Blick zunächst auf allgemeine Merkmale. Eine leistungsfähige Stimme zeichnet sich durch einen klaren Stimmklang aus, der frei ist von Nebengeräuschen wie Krächzen, Knarren, Verhauchung und Heiserkeit. Dazu gehört ein koordiniertes und ökonomisches Zusammenspiel von Atmung, anatomischen Gegebenheiten, körperlicher und gefühlsmäßiger Verfassung. Wir haben es mit einem fein abgestimmten, komplexen Ursachen- Wirkungsgefüge zu tun, das sich durch eine Vielzahl möglicher Störfaktoren auszeichnet. Im Vordergrund steht eine Veränderung des Stimmklanges und eine mangelnde stimmliche Leistungsfähigkeit.

Im Wesentlichen lassen sich folgende weitere Hauptsymptome und Begleiterscheinungen beschreiben die jedoch nicht alle gleichzeitig auftreten müssen:

- Heiserkeitsformen
- Abweichungen von der Tonhöhe
- Druckgefühl im Hals
- Räusper- und Hustenzwang
- Trockenheits- und Verschleimungsgefühl
- Abbrechen der Stimme
- Haltungsfehler
- Atemfehlformen
- Fehlspannungen der mimischen Hals- und Atemmuskulatur

Der Klang der Stimme wird oft von Bezugspersonen mit unterschiedlichen Adjektiven wie rauh, heiser, verhaucht, krächzend, piepsig, gepresst, klangarm und knarrend beschrieben. Stimmumfang, Modulationsfähigkeit und Resonanz sind bei den Kindern meist stark eingeschränkt. Die mittlere Sprechstimmlage wird häufig unterschritten, wobei bei geringer Lautstärke oft keine Stimmgebung möglich ist. Zu den kompensatorischen Strategien gehört oft eine Flüsterstimme oder eine überlaute gepresste Stimme. Weiche Explosivlaute werden überwiegend durch harte ersetzt. Die Artikulation ist z.T. unpräzise und verwaschen, der Sprechablauf zu schnell und mit einer Schnappatmung verbunden. Stimmumfang, Modulationsfähigkeit und Resonanz sind bei den Kindern fast immer stark eingeschränkt. Symptomatisch äußern sich Stimmlippenknötchen in Form von Heiserkeit, Räusperzwang, Fremdkörpergefühl. Eine anhaltende stimmliche Auffälligkeit bildet oftmals die Grundlage zur Ausbildung von Stimmlippenknötchen, d.h. es bilden sich stecknadelgroße, seitengleiche und beidseitige Verdickungen an den Stimmlippenrändern. Allerdings lässt die Symptomatik häufig keine Rückschlüsse auf ursächliche Zusammenhänge zu. Oftmals bestehen nur lose Beziehungen zwischen der Stimmsymptomatik und möglichen auslösenden Ursachen.

Als ebenso auffällig zeigt sich bei einigen Kindern die psychomotorische Entwicklung sowie die rhythmisch-melodische Differenzierungsfähigkeit. Der „Körper als Ausgangspunkt kommunikativen Handelns“ nimmt dabei eine zentrale Bedeutung in der Diagnostik und Förderung ein.

Wenn auch in unserer alltäglichen Lebenswelt die Verständigung fast ausschließlich auf dem Austausch von Worten beruht, so schwingt die Sprache des Körpers, der Klang der Stimme durch den Körper in den Raum. Körper und Bewegungen spiegeln unmittelbar unsere individuelle Persönlichkeit sowie Gefühle, Einstellungen zu sich selbst und zu unserem Interaktionspartner wieder. Kinder erschließen sich über die Freude an ihrem Körper, an seinen Bewegungsmöglichkeiten einen „Zugang zur Welt“.

Zu den möglichen Verursachungsfaktoren gehören beispielsweise konstitutionelle Faktoren (Prädispositionen im HNO-Bereich), die allerdings recht selten anzutreffen sind, und soziale Faktoren. Zu den habituell-funktionellen Faktoren gehören z.B.

- eine extrem laute und angestrengte Stimmgebung beim Spielen,
- häufiges Räuspern,
- Nachahmung negativer Stimmvorbilder sowie
- unökonomische Stimmtechnik beim Singen, Sprechen und Rufen.

Begünstigende soziale Faktoren und Umweltbedingungen sind beispielsweise:

- ein hoher Störlärmpegel in Kindereinrichtungen,
- hörgeschädigte Familienangehörige,
- chronische Konflikte,
- negative Phonationsleitbilder,

- unzureichende sprecherische-stimmbildnerische Ausbildung der Erzieher und Pädagogen,
- methodisch-stimmbildnerische Mängel beim Singen (z.B. Singen in zu tiefen/hohen Tonlagen oder auch
- Streit mit Geschwistern, chronische Konflikte, Rolle in der Familie.

(vgl. Nienkerke-Springer 1999, Schulze 1994)

In der Ausbildung von Erzieherinnen und Lehrern spielen sprechererzieherisch-stimmbildnerische Inhalte eine unzureichende Rolle. So können um so weniger Rückschlüsse aus der vorliegenden Symptomatik auf die eigentliche Ursache der kindlichen Stimmstörung gezogen werden. Das multifaktorielle Bedingungsgefüge erfordert in den meisten Fällen ein vielschichtiges Vorgehen, so dass die Diagnoseerhebung auf unterschiedlichen Ebenen stattfinden sollte.

Fragestellungen wie „Warum schreien diese Kinder zu viel?". „Warum haben sie es nötig zu schreien?", „Was wollen sie damit erreichen?", „Wann schreien sie und wen schreien sie an?", „Wie gehen die Bezugspersonen mit dem Kind um, wenn es schreit und wenn es nicht schreit?", „Was bedeutet die stimmliche Auffälligkeit in der Familie?" u.v.m. zeigen die Notwendigkeit auf, Stimmstörungen bei Kindern in ihrer sozial-kommunikativen Dimension zu verstehen und unter systemischen Gesichtspunkten das Umfeld (Familie, Kindergarten, Schule) mit einzubeziehen. Vor diesem Hintergrund sollten Stimmstörungen bei Kindern als Entwicklungsproblem, d.h. als „aktive Ausdrucksformen, um sich mit ihrer Lebenssituation und ihrem Lebenskontext in ihrem System mitzuteilen und auszudrücken", betrachtet werden.

Festzuhalten ist, dass Konsequenzen und Spätfolgen die sich aus einer kindlichen Stimmstörung ergeben können vielfältig sind. Diese reichen von der gesundheitlichen bis hin zur sozial-kommunikativen Entwicklung des Kindes. So gibt es Hinweise darauf, dass stimmauffällige Kinder im schulischen Kontext Einschränkungen und negative Konsequenzen im interaktiven Beziehungsdialog (Lehrer-Schüler) erfahren und dadurch ebenso Auswirkungen in ihrer Persönlichkeitsentwicklung entstehen.

Freie und subjektiv erfasste Äußerungen von Lehrpersonen zu Stimmstörungen bei Kindern zeigten folgende Aussagen auf.

Ich ...

- werde nervös
- werde ungeduldig

- werde aggressiv
- werde abwehrend
- möchte mir die Ohren zuhalten
- höre nicht mehr zu
- lache darüber...

Reaktionen zeigten sich im Unterricht daran, dass das Kind

- nur noch für bestimmte Aufgaben drangenommen wird
- häufiger in seinen Mitteilungen unterbrochen wird
- häufig auf seine Stimme hingewiesen und ermahnt wird
- in seinen Äußerungen manchmal abgewehrt wird.

Folgerungen lassen sich dahingehend ableiten, dass Kinder mit Stimmstörungen einerseits unmittelbare negative Konsequenzen im schulischen Zusammenhang erfahren, andererseits im interaktiven Beziehungsdialog (Lehrer-Schüler) eine wechselseitige Beeinflussung stattfindet (vgl. NIENKERKE-SPRINGER, 2000).

In den meisten Fällen empfindet das Kind seine Stimmstörung nicht als störend, sondern ignoriert diese, ist es doch in der Lage, kompensatorische Strategien einzusetzen. Ältere Kinder und Jugendliche hingegen konfrontieren sich stärker mit der Problematik und nehmen die daraus entstehenden Einschränkungen unmittelbar wahr. Bei erwachsenen Stimmpatienten beispielsweise verursacht „die Einschränkung der stimmlichen Ausdrucksfähigkeit ein Gefühl von Insuffizienz und Schwäche, Unsicherheiten bei der Aufnahme von Beziehungen, Beeinträchtigungen in der Möglichkeit, eigene Bedürfnisse und Anliegen zur Geltung zu bringen, bis hin zum Verzicht auf diese, sowie die Unfähigkeit, in einem sozialen System in Meinungsverschiedenheiten mit anderen zu treten, bis hin zur persönlichen Resignation und zum Zweifel daran, ein vollwertiges und ernstzunehmendes Mitglied der sozialen Gesellschaft zu sein“ (NIENKERKE-SPRINGER 1994, 386).

4. Stimm-Selbsthilfe für Erwachsene

Wir möchten an dieser Stelle einige Tipps für den Notfall geben, d.h. bei aufkommenden Erkältungskrankheiten, stimmlicher Überforderung und Belastung.

Doch zunächst einmal geht es darum, sensibel zu werden für die eigene Stimme und den eigenen Körper. Hören Sie auf die Signale Ihres Körpers!

Bei Heiserkeit nach Erkältungskrankheiten und Erkrankungen der Atemwege besteht kein übersteigerter Grund zur Panik. Doch Heiserkeit sowie Auffälligkeiten und Un-Stimmigkeiten im Halsbereich und der Sprechwerkzeuge, die länger als eine Woche anhalten, sollten von einem Phoniater (Arzt für Stimmheilkunde) diagnostiziert werden. Therapien übernehmen Sprecherzieher, Sprachtherapeuten oder Logopäden (fragen Sie nach spezifischen Erfahrungen in der Stimmtherapie).

Die nun folgenden ausgewählten Tipps können keine professionelle und individuelle Beratung ersetzen, sollen aber im Sinne der Stimmhygiene Anregungen für den Alltag geben und zur Erhaltung einer gesunden, tragfähigen und wohlklingenden Stimme beitragen.

„Mittelchen, ohne gleich mit „Schrot auf Spatzen zu schießen“

- Bei akuten Stimm- und Halsproblemen sind Lösungen zum Gurgeln mit Salbei wirkungsvoll. Salbei bekommen Sie als Teezubereitung oder als Tinktur in der Apotheke. Mehrmals tägliches Gurgeln mit lauwarmen Wasser.
- Ebenso gut geeignet sind Salzlösungen. Verrühren Sie einen halben Teelöffel Salz auf einen halben Liter warmes Wasser und gurgeln Sie mehrmals täglich.
- Halswickel mit Zitronensaft. Pressen Sie eine Zitrone aus und verdünnen Sie diese mit lauwarmen Wasser. Tränken Sie darin ein Tuch (großes Stofftaschentuch) und bereiten daraus einen Wickel für den Hals. Darüber kommt ein kleines Handtuch. Mehrmals täglich anwenden.
- Zum Lutschen haben sich Meersalztabletten (ohne Menthol), Salbeibonbons und Emsersalzpastillen bewährt (erhältlich in der Apotheke).
- Achten Sie darauf, dass Sie nicht „im Zug“ sitzen. Klimaanlagen und offene Fenster bei Autofahrten sind zwar zur Abkühlung verführerisch aber auch genauso tückisch.
- Homöopathische Mittel sind ausgesprochen wirkungsvoll, gehören allerdings in die Hände eines erfahrenen Heilpraktikers und eignen sich

nicht unbedingt zur Selbstmedikation, da auch immer Fragen zur „Ursache“ geklärt werden müssen.

- Nicht vergessen: nicht nur für die Stimme, sondern auch für die Gesundheit und Schönheit: Viel trinken (mind. 3 Liter pro Tag). Machen Sie es sich zu einer guten Gewohnheit ***jede Stunde*** ein großes Glas Wasser oder Kräutertee zu trinken.
- Für eine ausreichende Belüftung und Befeuchtung der Raumluft sorgen, da überheizte Luft die Schleimhäute austrocknet und für Erkältungsbakterien anfällig macht. Besonders in den kalten Monaten. Klassenräume und Kindereinrichtungen sind leider oft überheizt und schlecht gelüftet. Gegebenenfalls häufiger mit Kochsalzlösung inhalieren.
- Bei akuter Heiserkeit keine zu heißen, zu kalten Getränke und zu scharfe Speisen zu sich nehmen. Über das Rauchen und den Aufenthalt in verqualmten Räumen brauchen wir ja an dieser Stelle nicht zu sprechen.
- Keine Stimmen dauerhaft imitieren. In der eigenen Stimmlage bleiben.
- Erholungsphasen nach Sprechanstrengungen einlegen.
- Nicht Räuspern und Flüstern. Flüstern ist anstrengender als es klingt.
- Nicht gegen einen erhöhten Lärmpegel ansprechen oder gar schreien.
- Zum „Einstimmen“ direkt morgens Summen, Gähnen und Tönen. Das können Sie auch unter der morgendlichen Dusche tun als kleines warm-up.
- Stimmlockerungsübungen in den Alltag einbauen. Warten Sie nicht erst auf die sogenannte „günstige Gelegenheit“, sie finden diese meistens nicht.
- Vor dem Sprechen (insb. vor Vorträgen, Reden usw.) die Gedanken ordnen. Fragen Sie sich: „Wie stehen Sie zu dem was Sie sagen?“
- Mundatmung vermeiden – die Nase für die Einatmung gebrauchen
- Grundsätzlich bei Stress: ***Ausatmen***
- Entspannungsübungen helfen gegen Nervosität und Stress und beeinflussen in positiver und harmonisierender Weise unsere Atmung. Merke: ***Gönnen Sie sich die Eleganz der Pause!***
- Auf eine aufrechte und ökonomische Körperhaltung achten – damit der Atem frei fließen kann.

5. Psychomotorische Förderung von Stimme und Sprache

„Wenn man den Anspruch erhebt, über eine psychomotorische Förderung Stimme und Sprache zu verbessern, muß umrissen werden, was unter „Psychomotorik“ verstanden werden soll. Dies ist ein schwieriges Unterfangen, da nach wie vor weitgehende Unsicherheit hinsichtlich der Definitionen und der inhaltlichen Füllung der Begriffe herrscht. Obwohl es die Psychomotorik jetzt schon seit über 20 Jahren in Deutschland gibt, wird immer noch in Frage gestellt, was sie denn eigentlich sei. Wenn dies selbst Fachleute fragen, dann steckt dahinter ein ernst zunehmendes Problem. Geht man einige Veröffentlichungen zu diesem Thema durch, dann werden manche Schwierigkeiten verständlich.“ (Seewald 1993)

Diese Schwierigkeiten zeigen sich nach Seewald vor allen Dingen in folgenden Punkten:

1. Die Psychomotorik wird einmal als Gefühl und Lebenseinstellung beschrieben, ein anderes Mal als Arbeitskonzept. Die Grenzen zwischen beiden Begriffen ist fließend.
2. Es gibt so viele unterschiedliche Ansätze, dass ein übergreifender Ansatz bzw. eine für alle gültige Theorie als nicht mehr sinnvoll und nicht mehr möglich erscheint. Ausgangspunkt für weitere Diskussionen ist höchstens noch der kleinste gemeinsame Nenner.
3. Eine eindeutige Zuordnung der Praxis zu theoretischen Konzepten ist nicht oder nur kaum möglich.
4. Es herrscht Unsicherheit und Uneinigkeit bezüglich der Definition zentraler Begriffe wie „Bewegung“, „Wahrnehmung“ oder „Körper“.

Die Landschaft der Psychomotorik zeigt sich sowohl in der Theorie wie in der Praxis vielschichtig und vielgestaltig. Vereinfacht lassen sich, ausgehend von der ursprünglichen „Psychomotorischen Übungsbehandlung“ nach KIPHARD, idealtypisch folgende Ansätze und Konzepte voneinander unterscheiden (vgl. hierzu u.a. FISCHER/IRMISCHER 1989):

- Psychomotorik als „Sensorische Integrationsförderung“ (AYRES)
- Psychomotorik als „Ganzheitliche Förderung der Bewegungs- und Wahrnehmungsmuster“ (SCHILLING/KIPHARD)
- Psychomotorik als „Kindzentrierte Förderung“ (ZIMMER)
- Psychomotorik als „Kompensationsmöglichkeit umweltbedingter Entwicklungsförderung“ (PRENNER)

- Psychomotorik als „Sonderpädagogisch-integrative Förderung“ (EGGERT)
- Psychomotorik als „Verstehende Förderung“ (SEEWALD/HÖLTER)
- Psychomotorik als systemische/konstruktivistische Förderung (PASSOLT/BALGO)

„Die Psychomotorik“ gibt es also nicht. Es kann an dieser Stelle nicht darum gehen, die einzelnen Ansätze und Konzepte voneinander abzugrenzen, Überschneidungen herauszuarbeiten und auf ihre spezifische Relevanz im Hinblick auf eine bewegungsorientierte Förderung von Stimme und Sprache zu diskutieren. Die Basis unserer praktischen Vorgehensweise bildet als gemeinsamer Nenner eine übergreifende Definition nach KIPHARD (1992, 84). Demnach kann eine psychomotorische Förderung verstanden werden „als kindzentrierte und persönlichkeitsorientierte Förderpraxis auf ganzheitlicher Grundlage. Sie zielt auf eine ständige Erweiterung basaler sensomotorischer, kognomotorischer, emotional- und sozialmotorischer Handlungserfahrungen in der selbstbestimmten Auseinandersetzung mit vielfältig wechselnden Umweltsituationen.“ Entsprechende psychomotorische Inhalte verstehen sich im Sinne einer integrativen und sich wechselseitig positiv beeinflussenden Bewegungs-, Stimm- und Sprachförderung. Damit werden in keiner Weise logopädische, sprach- und stimmtherapeutische Maßnahmen ersetzbar oder hinfällig. Vielmehr dienen die Bewegungsangebote einer breiten Unterstützung und Mitinitiierung ganzheitlicher Lernprozesse.

Die kindliche Entwicklung – und dazu gehört die Entwicklung der Sprache – beruht auf sensomotorischen und psychomotorischen Handlungs- bzw. Bewegungserfahrungen. „Handeln heißt in diesem Sinne alle verfügbaren grob- und feinmotorischen Fähigkeiten, alle situativ notwendigen Wahrnehmungs- und Orientierungsfunktionen sowie die zur Lösung motorischer Probleme erforderliche praktische Intelligenz zu mobilisieren“ (KIPHARD 1992, 85).

Über eine psychomotorische Förderung können jedoch, außer vielleicht in einem Alter von bis zu zwei Jahren (vgl. EGGERT et al. 1990), keineswegs unmittelbare Effekte bezüglich der Verbesserung von Stimme und Sprache bzw. der Verbesserung des sprachlichen und schulischen Lernens erzielt werden. Es gibt zwar sehr viele Verbindungen zwischen Bewegung und Sprache, aber keinen kausalen Zusammenhang (vgl. ECKERT 1992). Über Bewegung, Spiel und Sport sind eher allgemeine und sich auf die gesamte Persönlichkeit des Kindes erstreckende Wirkungen zu erwarten.

Die psychomotorische Förderung von Kindern ab dem 2. Lebensjahr – und das gilt nicht nur für Kinder mit Problemen hinsichtlich der Stimme und der Sprache – kann nur sinnvoll sein, wenn sie sowohl die jeweiligen Kontextbedingungen als auch die individuelle Ausgangslage in die Überlegungen mit einbezieht. „Ist die Förderung nicht additiv, sondern integrativ und mehrdimensional verknüpft, so lassen sich von einer psychomotorischen Förderung auch Wirkungen im kognitiven Bereich und im Bereich der sozialen Kompetenzen erwarten. Diese Wirkung auf kognitive und sprachliche Kompetenzen ist aber komplex und indirekt, was durch das relative Auseinanderrücken der sprachlichen und motorischen Systeme zu begründen ist“ (EGGERT 1990, 118).

Nach KIPHARD (1992) zielt eine psychomotorische Begleitung der Sprachheilarbeit im engeren Sinne zunächst auf die Verbesserung der Verbalisierungsfähigkeiten motorischer Lernerfahrungen. Diese beziehen sich auf Körperempfindungen, physikalische Phänomene, die Handlungsplanung sowie die Reflexion gemeinsamer Bewegungserlebnisse.

Grundanliegen einer bewegungsorientierten, sprich einer psychomotorischen Förderung, von Kindern ist es also, eine komplexe und anregungsreiche Umwelt zu schaffen, in der Bewegung, Sprache und Stimme „gespielt“ werden kann und darf (vgl. EGGERT 1990). Über die Stabilisierung der Persönlichkeit, durch die Vermittlung von Erfolgserlebnissen, durch eine positive Rückmeldung und die damit einhergehende Steigerung der (Bewegungs-)Motivation entwickelt sich die Kommunikationsfähigkeit und -bereitschaft. „Bewegungsgeladene Gemeinschaftserlebnisse“ (KIPHARD) in psychomotorischen Spiel- und Handlungssituationen wecken direkt und indirekt das Sprechbedürfnis, bauen Sprech- und Mitteilungsängste ab und erweitern das stimmliche, sprachliche wie „körpersprachliche“ Handlungsrepertoire.

Praxisteil

1. Vorbemerkungen

Die vorliegenden Übungen und Spiele richten sich inhaltlich nach folgenden Orientierungspunkten. Sie sollen u.a.

- in unterschiedlichen Settings leicht anwendbar und unmittelbar umsetzbar sein, d.h. nur geringe organisatorische Vorarbeiten erfordern,
- sich an der individuellen Entwicklung orientieren,
- dem kindlichen Bedürfnis nach Bewegungslust entgegenkommen,
- vielfältige sinnliche Erlebnisse zulassen,
- erweiterbar und veränderbar sein,
- Sprache und Stimme in hohem Maße berücksichtigen,
- möglichst untereinander kombinierbar sein und
- sich an der Lebens- und Alltagswelt orientieren.

Üben wird hier nicht als mechanischer, inhaltsloser Vorgang verstanden, sondern im Sinne eines wiederholten spielerischen Praktizierens von Bewegungsfertigkeiten- und stimmlich-sprachlichen Ausdrucksqualitäten. Je mehr Kinder „üben", sich selbst zu erleben, umso mehr wird ihre Reflexionsfähigkeit gefördert. Dabei wird auch ein bedeutsamer sozialer Aspekt angesprochen, d.h., „Ich nehme mich in meinem Handeln wahr und achte darauf, was ich tue, wo ich mich befinde, wo der andere steht und wo meine und seine Grenzen und Möglichkeiten sind...".

Die Spiele und Übungen richten sich in erster Linie an Vor- und Grundschulkindern. In diesem Alter kann der Spiel- und Bewegungsdrang besonders gut für die Initiierung von Lernprozessen im kognitiven, emotionalen, motorischen sowie sozialen Bereich genutzt werden. Um flexibel mit den Anregungen umgehen zu können, wurde auf die Einbettung in Rahmengeschichten verzichtet, dem interessierten und kreativen Leser steht jederzeit die Möglichkeit offen, phantasievolle Rahmengeschichten zu kreieren (vgl. Beudels et a. 1996).

Die Funktionseinheit von Atem-Stimme-Sprache und Bewegung steht dabei im Sinne des Themas im Mittelpunkt. Je nach Schwerpunkt bedeutet dies:

Förderung des Körperbewusstseins

- Körperwahrnehmung
- Entwicklung von Vorstellungen über den eigenen Körper
- Planen von Bewegungen

Förderung der Strukturierung von Raum und Zeit

- Wahrnehmung des Körpers im Raum
- des Bewegungsrhythmus
- Fremd- und Eigenrhythmus
- Aufbau von Planungsfähigkeit und Handlungskompetenz

Förderung der Körperkoordination

- Wahrnehmung von Grundbewegungen
- Wahrnehmung von Muskelspannung- und Entspannung
- Entwicklung von Bewegungen und Erweiterung des Bewegungsrepertoires
- Wahrnehmung körpereigener Instrumente wie Klatschen, Schnalzen usw.
- Gleichgewicht im übertragenen wie im wörtlichen Sinne...

Förderung der auditiven und visuellen Wahrnehmung

- Entwicklung der Fähigkeit zur phonematischen Differenzierung über Töne Geräusche, Klänge
- Unterscheidung und Imitation von Sprachelementen

Förderung der Sozialerfahrung und Kommunikation und Aufbau von Gruppenfähigkeit

- Erleben in Selbst- und Fremdwahrnehmung,
- Ausdruck von Gefühlsqualitäten wie Wut, Trauer, Freude, Angst
- Bewusstwerdung und zum Ausdruck bringen eigener Bedürfnisse und Fähigkeiten

Förderung der Sprache, des Sprechens und des stimmlichen Ausdrucks

- Aneignung unterschiedlicher nonverbaler und verbaler Ausdrucksmöglichkeiten
- spontaner, spielerischer, experimenteller Umgang mit der eigenen Stimme
- Sprech- und Singstimme in differenzierten Ausdrucksmöglichkeiten
- Erschließen von Atem- und Resonanzräumen (vgl. NIENKERKE-SPRINGER 1994).

Über Bewegungshandlungen werden kognitive und kommunikative Strukturen aufgebaut, wobei interaktive Anteile das Verbindungsglied zwischen Sprache und Motorik bilden. Kinder benötigen eine „bewegte Auseinandersetzung“ mit ihrer Umwelt, um diese im wahrsten Sinne des Wortes zu „begreifen“ und dadurch ebenso zu verstehen. Wahrnehmung und Bewegung stellen eine Einheit dar die in sowohl nach außen, d.h. auf das Umfeld als auch nach innen, d.h. auf das Eigenempfinden und Denken wirkt. Das Kind verschafft sich dadurch eine Orientierung in und zur Welt und erlebt sich als „ganzer“ Mensch.

Bezogen auf die mit Sprache und Stimme im Zusammenhang stehenden Auffälligkeiten verfolgen die Anregungen ebenso das Ziel von einer eher funktionsorientierten logopädischen Förderung „am Tisch“ auf eine ganzheitliche Förderung hinzulenken, die interaktive bewegungsorientierte Spiel- und Kommunikationsformen integriert und zulässt.

Kinder sollen dabei angeregt werden:

- ihre Erfahrungen und Gefühle zu verbalisieren, zu interpretieren
- Handlungen zu planen und geeignete Strategien zu entwickeln
- kommunikative Erfahrungen zu machen, die sie dazu befähigen, Kontakte zu anderen aufzunehmen, sich in der Gruppe zu behaupten und in einen sozial-kommunikativen Austausch mit anderen zu treten.

Von großer Bedeutung ist dabei die Förderung der Eigen- und Fremdwahrnehmung. Gerade in interaktiven Situationen lernt das Kind sich mit konkreten Handlungssituationen auseinander zusetzen und den anderen seine Absichten deutlich zu machen. Hier wird deutlich, dass zunächst der Aspekt der Gruppe im Mittelpunkt der Förderung steht. Das schließt jedoch nicht aus, Kontexte zu schaffen, in denen auch Einzelarbeit stattfinden kann und ebenso angemessen scheint.

Die Entwicklung sozial kompetenten Verhaltens, d.h., Selbstbehauptung, Empathie, Kooperation, Kompromissfähigkeit und kommunikative Fähigkeiten, setzt Interaktion voraus die primär im Umgang mit anderen Menschen entwickelt wird.

Wir können beobachten, dass Kinder in ihrem alltäglichen Spiel alles integrieren, worauf sie neugierig sind und was für sie erreichbar ist. Dazu gehören Bauklötze, Töpfe, Zeitungen, Bettzeug u.v.m. All diese Gegenstände werden vom Kind unterschiedlich eingesetzt und umfunktioniert. Dabei sind die Variationen so zahlreich wie das spielende und lernende Kind Ideen hat.

Der Einsatz psychomotorischer Materialien bezweckt im Förderzusammenhang ebenso ein Wecken der Neugierde des Kindes. Die erlebten Reize sind dabei visueller, taktiler, olfaktorischer und akustischer Art. Psychomotorische Übungsgeräte bieten Handlungsmöglichkeiten auf sehr breitem und differenzierbaren Niveau und verbinden diese mit selbstdosierbarem Risiko (vgl. BEUDELS 1998).

Bezogen auf eine ganzheitliche Stimm- und Bewegungsförderung gelten besondere Anforderungen die das psychomotorische Material erfüllen soll. Dazu gehören:

- hoher Aufforderungscharakter
- Kombinationsmöglichkeiten mit anderen Materialien
- Variationsbreite der Einsatzmöglichkeit

Bei der Verwendung psychomotorischer Materialien steht für Kinder das Neue und Unbekannte das Reizvolle und Neugierde erweckende im Vordergrund. Die Materialien üben eine große Faszination aus, fordern zum Experimentieren und Kombinieren auf, zum Bewegen und Toben, aber auch zum Ruhigwerden und Entspannen. Sie bieten Kindern verschiedenartige Wahrnehmungsmöglichkeiten, die von ihnen variiert werden können.

Die Art und Weise, wie Kinder über Bewegung und Spiel ihre Umwelt bzw. Bewegungsgegenstände erfahren, stellt einen entscheidenden Faktor für weitere Lern- und Erkenntnisprozesse dar (vgl. ZIMMER et al. 1995), denn: „Wenn alles komplett und perfekt ist, bleibt den Kindern oft nur eins: Die Zerstörung“ (ebd. 206).

Nicht zuletzt stellt Humor eine wichtige Bedingung einer effektiven Förderung dar. Er dient als Katalysator, um Ängste und Stress abzubauen sowie Werte und Toleranz zu entwickeln. Dabei ist das Spiel der leichteste und wirkungsvollste Weg, um Humor im Kind zu entwickeln und zu stärken. Wenn wir dabei Kindern helfen zwischen feindseligem und nicht feindseligem Humor zu unterscheiden kann dies insbesondere in der Arbeit mit Gruppen, auch eine Gelegenheit darstellen, ihnen Toleranz und Respekt für andere nahe zubringen.

Humor wird im kommunikativen Kontext als wichtige soziale Fähigkeit gesehen und als solche bewertet. Jemanden zum Lachen zu bringen, über sich selbst lachen zu können und humorvoll mit Problemen umgehen zu können, sind Fähigkeiten, die nicht zuletzt auch als Führungsfähigkeiten bewertet werden (SHAPIRO 1997).

Wir konzentrieren uns in unserer Praxissammlung auf sieben Förderschwerpunkte. Diese ergeben sich unserer Meinung nach dadurch, dass sie in besonderer Weise den Zusammenhang von Stimme, Sprache und Bewegung berücksichtigen. Selbstverständlich kann beispielsweise der

Gesamtbereich der Wahrnehmung nicht reduziert werden auf die Kapitel „Hören" und „Selbst- und Fremdwahrnehmung". Weitere wichtige Sinnesmodalitäten werden zwar nicht explizit hervorgehoben, sind jedoch mehr oder weniger Bestandteil aller vorgestellten Übungen und Spiele. Ebenso stellen „Atmung" und „Rhythmus" keine isolierten Förderbereiche dar. Unsere Absicht ist es, auch Kollegen und Kolleginnen, die nicht ausdrücklich in der Sprach- und Stimmtherapie beauftragt sind, ein Manual an die Hand zu geben, das ihnen die Planung und Gestaltung entsprechender Fördermaßnahmen und -situationen im Alltag von Kindergarten und Schule erleichtert.

Wir hegen darüber hinaus die Hoffnung, dass sprachtherapeutische Fachkräfte eine bewegte Anreicherung für ihren Arbeitsbereich erhalten.

2. Beschreibung der Förderschwerpunkte

Atmung

Die Atmung ist die einzige biologische Funktion, die unwillkürlich abläuft, aber auch willkürlich verändert werden kann. Unbewusst im Schlaf oder bewusst beim Sprechen begleitet uns unser Atem. Immer bleibt er vielfältig verflochten mit der Muskeltätigkeit und dem Seelischen des Menschen.

Übungen und Spiele, die Atem, Stimme und Bewegung verbinden, sprechen die „vitalen Selbstregulationskräfte“ des Kindes an. Die heutige Lebenswelt von vielen Kindern ist häufig geprägt durch Reizüberflutung, Terminstress, erhöhten Medienkonsum usw. Diese Einflüsse tragen dazu bei, dass Kinder einem zum Teil atemlos, gehetzt, kurzatmig und mit lauter überschlagender Stimme begegnen.

Übungen zum Tonus- und Haltungsaufbau sowie zur Selbstwahrnehmung wirken auf unsere Atmung ein. Lockerungsübungen zur Spannungsregulierung weiten den Brustraum so dass die Atmung ungehindert fließen kann.

Da Atmung reflektorisch erfolgt, d.h. nach einem Ausatemzug folgt automatisch, also reflektorisch ein Einatemzug, ist es ratsam in der Atemarbeit mit Kindern den Focus nicht auf die Atemprozesse zu lenken. Wollen wir den Ablauf der Atmung bewusst machen, so ist es ratsam die Aufmerksamkeit spielerisch auf die Ausatmung zu lenken.

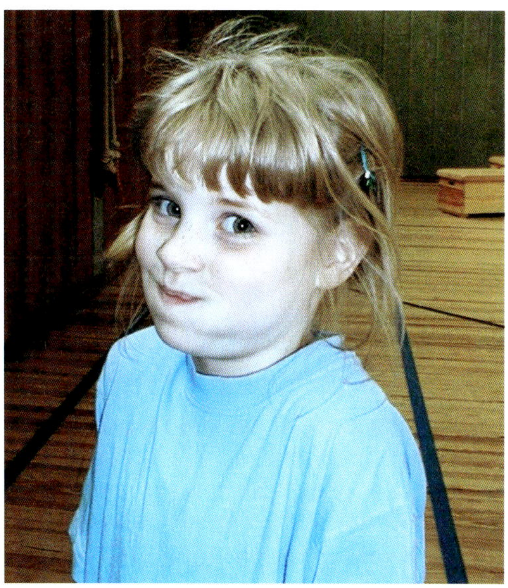

Hören

Dem Hören kommt in der zwischenmenschlichen Kommunikation eine Schlüsselfunktion zu. Das „Hören-können" zählt zu den grundlegenden Wahrnehmungsmöglichkeiten des Menschen. Als Vorraussetzung zur verbalen zwischenmenschlichen Kommunikation stellt es die Basis zur Sicherung des Lauterwerbs dar. Verschiedene Autoren weisen darauf hin, dass die Behandlung einer gestörten Stimme mit dem Hören- Lernen, d.h. mit einem Hörtraining bzw. Hörerziehung beginnt. Dazu gehört die Schulung des Gehörs im Sinne der Sensibilisierung zur „Horchsamkeit". So können über Spiele zum Hören beim Kind innere Klangvorstellungen geweckt und die Nachahmungsfähigkeit angeregt werden.

Zur beabsichtigten Wirkung gehört u.a., dass

- Kinder bewusst auf ihren Stimmklang hören,
- die Intonationsfähigkeit gefördert wird,
- innere Klangvorstellungen geweckt werden,
- das Richtungshören gefördert wird,
- die Tontreffsicherheit bei der Imitation einer Sprachmelodie gefördert wird,
- ein Rhythmusgefühl entwickelt und
- die akustische Differenzierungsfähigkeit gefördert wird.

So dienen Spiele und Übungen zum Hören vorrangig zur Wahrnehmung und Differenzierung der eigenen Stimme und fremder Stimmen. Dem Einfluss des Umfeldes kommt im Zusammenhang des Hörens besondere Bedeutung zu. Aus diesem Grund sollen an dieser Stelle Gesprächs- und Feedbackregeln erwähnt werden. Die Vermittlung von Gesprächsregeln innerhalb der Familie führt zum einen zu einem „aktiven Zuhören" wie auch zu einer erhöhten Sensibilität im interaktiven Umgang miteinander. In dem Moment, wo Meinungen, Störungen und Gefühle des einzelnen respektiert werden, findet eine Erweiterung kommunikativer Kompetenzen des Individuums und der Gruppe statt. Die spielerische Vermittlung grundsätzlicher Kommunikationsfertigkeiten kann beispielsweise in Form selbstgestalteter Plakate zu Gesprächsregeln erarbeitet werden.

Dazu kann beispielsweise zählen, dass ein Kind (aber auch Erwachsener) klar seine Bedürfnisse und Wünsche auszudrücken lernt, indem es versucht zu beschreiben, wie es sich fühlt, warum es so fühlt und was es will. So setzt die Entwicklung der Fähigkeit, positives Feedback zu geben voraus, zu verbalisieren, wenn mir eine Äußerung von anderen gefallen hat (z.B.: „Das ist eine gute Idee").

Gut Zuzuhören und Akzeptanz ausdrücken, die Gefühle des Anderen verstehen sowie Hilfe anbieten und Vorschläge machen, scheinen auf dem ersten Blick so einfach und selbstverständlich. Dennoch setzt die Erlangung dieser Kernkompetenzen eine Basis voraus – nämlich der einer bejahenden offenen und wachsamen Zuwendung des Zu- bzw. Hinhörens.

Selbst- und Fremdwahrnehmung

Wahrnehmung ist Aufnahme und Verarbeitung von Reizen aus dem eigenen Körper und der Außenwelt. Sie stellt im Laufe der Entwicklung die Grundlage jedes psychischen Geschehens dar. Im Laufe der Entwicklung entsteht ein Prozess zunehmender Differenzierung, durch den sich fortschreitend komplexere Verarbeitungsmuster entwickeln. Die Informationen laufen dabei über einen oder mehrere Sinneskanäle und werden im Vergleich zu den bisherigen Informationen zu einem (neuen) Ganzen zusammengefügt. Die Wahrnehmung hängt sowohl von angeborenen Organisationsprozessen, der Beschaffenheit unserer Sinnesorgane und äußeren Umständen wie vor allem auch von Erfahrungen, momentanen und überdauernden Bedürfnissen sowie vom konkreten sozialen Kontext ab. Somit für nicht nur die Beschaffenheit bzw. Begrenztheit unserer Sinnesorgane dazu, dass wir weder ein objektives noch ein komplettes Bild von der Welt wahrnehmen können.

Förderung der Selbstwahrnehmung bedeutet hinsichtlich der übergreifenden Zielsetzung dieses Buches weniger eine spezifische Förderung des Riechens, Schmeckens, Fühlens, Hörens und Sehens. Vielmehr geht es darum, einen Rahmen für den Aufbau eines realistischen bzw. positiven Körper- und Selbstkonzepts bereit zu stellen. Dazu sind zunächst umfangreiche, über Bewegung und Spiel zu vermittelnde Selbsterfahrungen notwendig, die dem Kind die Möglichkeiten, Bedürfnisse und Grenzen des eigenen Körpers bewusst machen. Dies bildet wiederum die Basis dafür, die eigene Person, den eigenen Körper als Ausdrucksmittel der Befindlichkeit zu erkennen und einzusetzen.

Unter dem Aspekt der Fremdwahrnehmung rücken kommunikative und soziale Aspekte der Körper- und Selbsterfahrung in den Vordergrund. Im Spiel und in der Bewegung, begleitet und unterstützt von Stimme und Sprache, soll die „Empfindungsfähigkeit" für den/die anderen entwickelt und erweitert werden. In einem entsprechend gestalteten „dialogfreundlichen" Setting lernt das Kind nicht nur, Wünsche und Bedürfnisse anderer zu erkennen und Vorurteile abzubauen, sondern auch mit eigenem Erfolg und Misserfolg umzugehen, Emotionen auszuhalten und aus Fehlern zu lernen. Ein wichtiger und notwendiger Baustein für Wachstum und Weiterentwicklung.

Kommunikation – Interaktion

Die vorgestellten Übungen und Spiele zielen über die Entwicklung verbaler und nonverbaler Kommunikationspotentiale auf eine Verbesserung der Interaktions- und Kooperationsfähigkeit ab. Neben dem Kennenlernen und spielerischen Ausprobieren der vielfältigen Ausdrucksmöglichkeiten von Köper, Sprache und Stimme geht es in vielen Spielen auch darum, sich zu verständigen, gemeinsam etwas zu planen und durchzuführen. Dazu gehört aber auch die Fähigkeit, in angemessener Art und Weise eigene Wünsche und Bedürfnisse zu artikulieren bzw. darzustellen, wie auch die Fähigkeit, andere Wünsche und Bedürfnisse zur Kenntnis zu nehmen bzw. auf die anderer einzugehen.

Gerade innerhalb dieses Förderschwerpunktes ist die Orientierung an der Erlebniswelt der Kinder bedeutsam. Im Spiel werden aktuelle Ereignisse dargestellt bzw. mitgeteilt und verarbeitet. In verschiedenen Rollen können Kinder Handlungsalternativen kennenlernen, sie können sich für eine bestimmte Zeit eine eigene Welt schaffen, in der sie frei und nach eigenen Bedürfnissen und Regeln agieren können. In dieser Welt, wo es zunächst kein richtig und falsch gibt, finden sie gemeinsam unterschiedliche Problemlöse- und Handlungsstrategien. Sie erfahren, dass Handlungen Konsequenzen haben, und übernehmen aber auch mehr und mehr die Verantwortung für ihr Tun.

Experimentieren

„Experimentieren“ bedeutet „Versuchen“, „Ausprobieren“, und auch, sich mit Neuem und Unbekannten auseinander zusetzen. Über ein Experimentieren mit Stimme, Sprache und Bewegung wird die Entwicklung von Ausdruckspotentialen angeregt und damit das Kommunikations-, Handlungs- und Bewegungsrepertoire erweitert. Dazu muss ein (geschützter) Raum geschaffen werden, in dem das Kind weitgehend von sich aus aktiv wird bzw. der Kreativität und Phantasie zulässt. Emotionen wie Wut, Freude, Trauer usw. können in spielerischer Form aufgegriffen und umgewandelt werden. In eine andere Rolle zu schlüpfen, sich zu verkleiden und zu maskieren ermutigt beispielsweise gerade schüchterne Kinder, neue Ausdrucksmöglichkeiten zu erkunden bzw. in der Bewegung stimmliche und sprachliche „Versuche“ zu unternehmen. Im Kontakt mit einem Partner oder der Gruppe experimentieren Kinder mit unterschiedlichen Kommunikationsweisen und erlernen sowohl nonverbale als auch verbale Ausdrucksformen angemessen einzusetzen. Nonverbale Mitteilungsformen wie Gestik, Mimik, Bewegung und Stimme werden hinsichtlich ihrer Möglichkeiten erfahren und erkannt.

Die Praxisbeispiele sind so gewählt, dass sie in einem hohen Maße zur Selbsttätigkeit der Kinder führen können. Es werden durch den Erwachsenen eher Rahmenbedingungen geschaffen, als dass festgelegte Spielregeln die Durchführung der Spiele bestimmen. Die Eingrenzung mancher Aufgaben führt dabei nicht zu einer „Gängelung“, sondern soll der Orientierung der Kinder dienen und einer Verunsicherung vorbeugen (vgl. NEUBER 2000). Da das Experimentieren im Vordergrund steht, ist in den meisten Fällen der „Ausgang offen“. Der Prozess selber ist zunächst wichtiger als das Produkt.

Rhythmus

Kinder lieben das Wechselspiel von rhythmisch-musikalischen Elementen und Bewegung, weil es ihrem Ausdrucksbedürfnis entgegenkommt. Durch rhythmisches Ausleben des Bewegungsdranges auf der körperlichen Ebene entwickelt das Kind so u.a. die Fähigkeit zur Balance. Unterstützt wird dabei die Sprachförderung durch das Aufgreifen und Gestalten von Worten, Texten, Geräuschen, Klängen und Liedern. Über ein Polarisieren, das Arbeiten mit Begriffspaaren, lernen Kinder Gegensätzlichkeiten von laut und leise, langsam und schnell, hoch und tief usw.. Dabei können Bewegungsabläufe mittels Sprache rhythmisiert, geführt und unterstützt werden, wodurch nicht zuletzt eine ökonomisierende Wirkung auf das Atemgeschehen ausgeübt wird.

Die Einheit von Sprache und Bewegung spiegelt sich auch im Rhythmus von Worten wie zum Beispiel „Hau-ruck! wider. Dabei gilt das rhythmische Lösen der Spannung auf der Worthälfte nicht nur für die Bewegung sondern auch für den Ton. Die Stimme hilft hierbei eine schwere Arbeit leichter zu bewältigen. Das rhythmische Zusammenspiel von Stimme und Bewegung können wir auch beobachten, wenn ein Kind auf einer Schaukel schaukelt und dabei summt.

Die Übungen und Spiele dienen dem Erfahren und Erleben von Rhythmus als universalem wie individuellem Phänomen. Begleitet und angeregt durch Stimme, Töne und Geräusche, z.T. unterstützt durch Musik, werden darüber hinaus unterschiedliche Erscheinungsformen deutlich (Kraft-, Raum-, Zeit-, Formrhythmus...). „Erfinden und Nachahmen“, „Erkennen von Gegensätzen“, „Gehörtes in Bewegung umsetzen“, „vorgegebene Rhythmen mit Bewegung und Stimme aufnehmen und beantworten“ sind zentrale Inhalte dieses Förderbereiches.

Bewegte Texte

Im spielerischen Umgang mit Texten entwickeln sich aus der Vielfalt der Ideen und des gemeinsamen Tuns innerhalb der Gruppe eigenschöpferische Ausdrucksmöglichkeiten für das Zusammenspiel von Stimme, Sprache und Bewegung und deren Realisierung hin zur Präsentation. Dies ist auch mit jüngeren Kindern – zumindest ansatzweise – möglich. Dabei können Geschichten und Texte in vielfältiger Weise zum Improvisieren anregen und verwendet werden.

Der Umgang damit hat viele Facetten. Ob Neugierde, Interesse, ein Sich-angesprochen-Fühlen oder auch Ablehnung hervorgerufen wird, in jedem Fall sind emotionale Aspekte entscheidend für die weitere Auseinandersetzung mit dem Text. Je nach Text kann ebenso auf bestimmte Schwerpunkte focussiert werden, so dass Aspekte im Sinne einer Sprach- und/oder Bewegungsförderung im Vordergrund stehen, wie das Experimentieren mit verschiedenen Sprachelementen (Vokalen, Konsonanten, Nasalen, Explosivlauten, Zischlauten und Reibelauten), wie auch auf rhythmisch-klangliche Elemente der Sprache, Sprachmelodie, Akzentuierung und Dynamik.

Lyrik als verdichteter sprachlicher Ausdruck zielt im Wechselspiel von Sprache und Bewegung auf eine Auseinandersetzung mit der Welt, dem Menschen, der Natur und dem eigenen „Sein“ ab. Kinder merken dabei schnell, was Sprache und Phantasie bewirken können. Sprache fordert zur Bewegung und zum kommunikativen Handeln heraus. Der spielerische Umgang mit Texten, der möglichst nur durch einen geringen Einsatz von Geräten und Materialien begleitet werden sollte, sensibilisiert für die Wahrnehmung sprachlicher Normen und Strukturen ebenso, wie es Fähigkeiten im kreativen Umgang mit sprachlichen Gesetzmäßigkeiten anregt. Es befreit in seiner Spontaneität von dem Gefühl, im Umgang mit Stimme und Sprache nur fehlerhaft kommunizieren zu können.

3. Übungen und Spiele

Atmung

Geisterkerze

Gruppengröße: ab 1

Beschreibung

Vor jedem Kind steht in einem Abstand von ca. 50cm eine brennende Kerze oder ein Teelicht. Nun soll versucht werden, die Flamme durch kräftiges Pusten zu löschen. Gelingt dies nicht, wird der Abstand jeweils um ca. 5cm verringert.

Variationen/Erweiterungen

- Die Kerze kann auch hinter eine Flasche gestellt werden.

Hinweise

Es ist darauf zu achten, dass durch die Nase eingeatmet wird.

Geräte/Materialien/Medien

- Pro Kind eine Kerze oder ein Teelicht.

Pusterennen

Gruppengröße: ab 2

Beschreibung

Auf ein großes Blatt Papier oder ein Stück Tapete wird eine Rennstrecke (mit Start und Ziel, Kurven, Slalom-Parcours...) aufgezeichnet und ausgemalt. Ein Wattebausch dient als „Rennwagen“. Dieser wird mit Hilfe eines Strohhalms über die Rennstrecke bis zum Ziele gepustet. Dabei sollte der Weg nicht verlassen werden.

Variationen/Erweiterungen

- Als Gruppenwettkampf/Staffel.
- Statt Watte können auch kleine Plastikautos benutzt werden.

Hinweise

Geräte/Materialien/Medien

- Papier/Tapete
- Wachsmalstifte
- Strohhalme
- Watte

Waldspaziergang

Gruppengröße: ab 5

Beschreibung
Die Gruppe bildet eine Gasse (Abstand ca. 1m). Durch diese Gasse („Wald") geht ein Kind mit verbundenen Augen. Die „Bäume" schwingen leicht vor- und zurück und phonieren ein „sch". Das gehende Kind soll die „Bäume" möglichst nicht berühren. Diese werden umso lauter, je mehr sich das Kind ihnen nähert.

Variationen/Erweiterungen
- Statt der Gassenaufstellung verteilen sich die Kinder im Raum. Ein Kind (bei größeren Gruppen auch mehrere Kinder, soll nun in der oben beschriebenen Weise von einer Seite des Raumes zur anderen gehen.
- Statt „Bäume" sind die Kinder „Heulbojen", die bei Gefahr brummen, heulen oder andere Geräusche machen.

Hinweise
Jüngeren Kindern sollten die Augen zunächst nicht verbunden werden.

Geräte/Materialien/Medien
- Augenbinden

Bootstour

Gruppengröße: ab 5

Beschreibung

Die Mitspieler sitzen hintereinander auf einer Gymnastikmatte oder Turnbank. Sie „rudern", indem sie den Oberkörper gleichzeitig rhythmisch vor- und zurückschwingen. Bei der Bewegung nach vorne phonieren sie ein „f" oder einen beliebigen anderen Strömungslaut („sch", „s"), bei der Bewegung nach hinten wird eingeatmet.

Variationen/Erweiterungen

- Gemeinsam ein Lied singen.
- Auf rhythmische Musik „rudern".
- Mit geschlossenen Augen „rudern".

Hinweise

Geräte/Materialien/Medien

- Gymnastikmatten
- Turnbank

Schwungatmung

Gruppengröße: ab 6

Beschreibung
Die Gruppe hält ein Schwungtuch oder einen Fallschirm in den Händen und schwingt dieses gemeinsam und gleichzeitig hoch und nieder. Schwingt das Tuch nach oben, wird eingeatmet, schwingt es nach unten, soll ausgeatmet werden. Die Ausatmung soll dabei zunächst durch Strömungslaute, später durch einfache Silben oder Worte begleitet werden.

Variationen/Erweiterungen
- Während des Schwingens werden durch den Erwachsenen verschiedene Eigenschaften bzw. Kennzeichen ausgerufen (z.B. braune Haare, Brillen, kurze Hose...). Alle Kinder, die diese Eigenschaften an sich tragen, wechseln während des Hochschwingens die Seite. Die Strömungslaute werden dabei weiter phoniert.
- Das Schwungtuch wird zunächst in ruhigen und gleichmäßigen Bewegungen geschwungen. Dann setzt man mit einer leisen Phonation ein (stimmhaft oder stimmlos, z.B. „sch“, „j“, „f“, „w“...). Immer dann, wenn die Welle auf einen zukommt, wird man lauter. Das Geräusch wird leiser, wenn die Welle sich fortbewegt.

Hinweise
Zunächst einmal sollte das Tuch ohne weitere Vorgaben geschwungen werden.

Geräte/Materialien/Medien
- Schwungtuch oder Fallschirm

Zauberpapier

Gruppengröße: ab 1

Beschreibung
In Mundhöhe des Kindes wird ein Seidenpapier (ca. 10 mal 10 cm) oder ein Zeitungsblatt an die Wand gehalten. Aus ca. 10 cm Abstand versucht das Kind durch Pusten, das Papier so lange wie möglich an der Wand zu halten.

Variationen/Erweiterungen
- Als Mannschaftswettkampf: Jeweils drei oder vier Kinder pusten um die Wette gegeneinander.

Hinweise

Geräte/Materialien/Medien
- Seidenpapier
- Zeitungsblätter

Luftikus

Gruppengröße: ab 1

Beschreibung
Jedes Kind bekommt zum Aufpusten einen Luftballon. Dieser wird unter den Pullover oder ein weites T-Shirt geschoben. In Rückenlage wird nun das Ein- und Ausatmen beobachtet bzw. gespürt.

Variationen/Erweiterungen
•

Hinweise
Mit Hilfe dieser Übung kann sehr gut eine ökonomische und entspannte Atembewegung verdeutlicht werden. Wichtig ist der Hinweis, dass sich bei der Einatmung der Bauch nach außen wölbt und bei der Ausatmung einzieht.

Geräte/Materialien/Medien
- Luftballons

Luftantrieb

Gruppengröße: ab 1

Beschreibung

Zunächst wird aus kleinen Gegenständen (wie Küchenrollen, Würfel, Schuhkartons...) ein Hindernisparcours aufgebaut. Jedes Kind erhält einen Luftballon, den es selber aufpusten soll. Dann wird versucht, mit der Luft im Luftballon einen Tischtennisball über diesen Parcours bis zu einem Ziel zu bewegen, ohne dass er an die Hindernisse stößt.

Variationen/Erweiterungen

- Einen Domino-Parcours durch die aus dem Luftballon ausströmende Luft in Bewegung setzen.
- Mit einer Luftballonfüllung möglichst viele Kerzen auspusten, die im Raum verteilt sind.

Hinweise

Wichtig ist, dass die Kinder die Luftballons selber aufblasen.

Geräte/Materialien/Medien

- Luftballons
- Tischtennisbälle
- Kleine Geräte als Hindernisse

Regatta

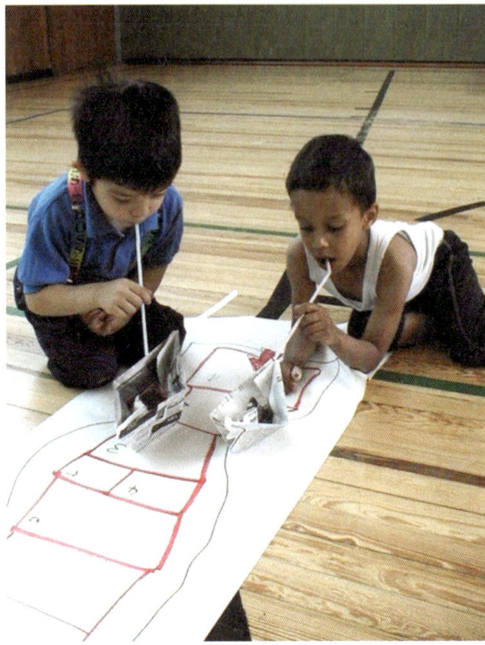

Gruppengröße: ab 2

Beschreibung

Auf ein großes Blatt Papier oder auf ein Stück Tapete wird eine Rennstrekke mit Feldern eingezeichnet. Das erste Feld ist das Startfeld, das letzte das Ziel. Jeder Mitspieler bekommt ein Papierschiffchen und einen Strohhalm. Die Papierschiffchen werden auf das Startfeld gesetzt. Nun wird gewürfelt, und die Papierschiffchen werden gemäß der gewürfelten Augenzahl die entsprechende Anzahl der Felder mit Hilfe eines Strohhalms weitergepustet. Der Mitspieler, dessen Schiffchen als erstes das Zielfeld erreicht hat, ist „Regatta-Sieger". Einzelne Felder können mit „Sonderaufgaben" belegt werden (z.B. ein Lied singen, eine gymnastische Übung vormachen...).

Variationen/Erweiterungen

- Ein Spielfeld nach Art des „Mensch-Ärger-Dich-Nicht"-Spiels aufzeichnen und nach ähnlichen Spielregeln die Schiffchen bewegen. Pro Person evtl. zwei Schiffchen in der gleichen Farbe.

Hinweise

Geräte/Materialien/Medien

- Papierbogen/Tapete
- Strohhalme
- Zeitungspapier zum Falten
- Wachsmalstifte

Feuerwehr

Gruppengröße: ab 1

Beschreibung
Zunächst wird ein Luftballon möglichst prall aufgepustet. Im Raum sind weit verteilt brennende Kerzen/Teelichte aufgestellt. Nun soll versucht werden, in kurzer Zeit mit Hilfe der Luft im Luftballon möglichst viele Kerzen auszupusten.

Variationen/Erweiterungen
- Als Mannschaftswettkampf bzw. als Staffel.
- Die Reihenfolge der auszupustenden Kerzen festlegen oder mittels Würfeln bestimmen.
- Die gleiche Übung mit zwei Luftballons.

Hinweise
Wichtig ist, dass die Kinder die Luftballons selber aufblasen.

Geräte/Materialien/Medien
- Luftballons
- Kerzen/Teelichte
- evtl. Würfel

Flugschau

Gruppengröße: ab 1

Beschreibung
Jeder Mitspieler erhält ein Jongliertuch oder ein Stück Seidenpapier. Nun soll versucht werden, das Tuch/Papier so lange wie möglich durch Pusten in der Luft zu halten.

Variationen/Erweiterungen
- Zu zweit oder dritt ein Tuch hoch pusten.
- Das herunterfallende Tuch mit verschiedenen Körperteilen auffangen (z.B. Fuß, Rücken, Oberschenkel...).

Hinweise
Die Übung nicht zu lange durchführen, da sonst die Gefahr der Hyperventilation besteht.

Geräte/Materialien/Medien
- Jongliertücher/Seidenpapier

Rote Socken

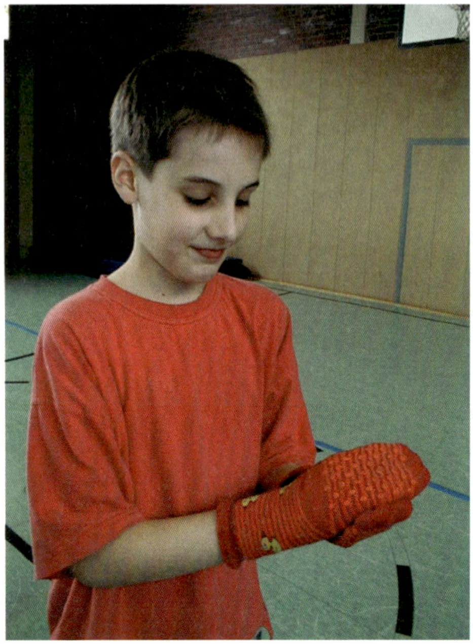

Gruppengröße: ab 2

Beschreibung
Mittels eines Paares roter Socken, auf denen jeweils ein Gesicht aufgeklebt werden kann, wird den Kindern demonstriert, wie überstrapazierte Stimmbänder sich krankhaft entzünden, also rot werden. Dazu werden die beiden roten Socken aneinandergeschlagen und -gerieben. Die Kinder werden dazu aufgefordert, Vermutungen über die Ursachen einer Stimmbelastung (wie z.B. häufiges Schreien) und falschen Atmung anzustellen. Anschließend stellen die Kinder mit ihren Händen eine angemessene bzw. ökonomische Stimmführung durch fließende und vorsichtige Bewegungen mit ihren Händen dar.

Variationen/Erweiterungen
- Die Demonstration kann stimmlich (z.B. durch Summen) begleitet werden.
- Alle Kinder haben Socken über ihre Hände gezogen und Experimentieren mit verschiedenen Bewegungs- und Stimmintensitäten.

Hinweise

Es handelt sich um eine Übung bzw. Demonstration, die erfahrungsgemäß den Kindern plastisch verdeutlich, welche Folgen bei Überbeanspruchung der Stimmbänder zu erwarten sind. Sie sollte im Zusammenhang mit weiteren aufklärenden Elementen (wie z.B. auch Hinzuziehung von Anschauungsmaterial) stehen. Wichtig ist es, die Aufmerksamkeit der Kinder herzustellen, auch wenn es sich nicht um ein Bewegungsspiel handelt.

Geräte/Materialien/Medien

- ein Paar rote Socken (evtl. für jedes Kind ein Paar)

Minutensummer

Gruppengröße: ab 1

Beschreibung
Die Mitspieler stehen oder sitzen. Auf ein Zeichen hin sollen sie einatmen und dann versuchen, so lange wie möglich zu summen, oder ein „s“ zu phonieren.

Variationen/Erweiterungen
- Als Wettkampf: Wer summt am längsten? Der Mitspieler, der aufgehört hat, legt sich hin.

Hinweise
Es geht hier nicht um die Lautstärke, sondern um ein kontrolliertes Ausatmen.

Geräte/Materialien/Medien

Fusion

Gruppengröße: ab 2

Beschreibung
Jeweils paarweise versuchen die Spieler zwei Tischtennisbälle durch Pusten zum Zusammenstoß zu bringen. Dazu setzen sie sich am Tisch gegenüber oder liegen auf dem Boden. Die Distanz darf selbst gewählt werden, sollte aber mindestens 80 cm betragen.

Variationen/Erweiterungen
- Zu dritt drei Tischtennisbälle zum Zusammenstoß bringen.
- Statt Tischtennisbällen können Japanbälle genommen werden.

Hinweise
Darauf achten, dass nach einigen Durchgängen eine Pause eingelegt wird.

Geräte/Materialien/Medien
Tischtennisbälle
Japanbälle

Wirbelsturm

Gruppengröße: ab 3

Beschreibung

Im Raum oder in der Halle sind viele leicht umzupustende Gegenstände verteilt bzw. aufgestellt (Dominosteine, Küchenrollen, Klanghölzer, Streichholzschachteln u.v.m.). Auf ein Zeichen hin läuft das erste Kind los und versucht eine vorher bestimmte Anzahl von Gegenständen umzupusten. Wenn es das geschafft hat, läuft es zurück und das nächste Kind ist an der Reihe.

Variationen/Erweiterungen

- Als Mannschaftswettkampf: Welche Mannschaft hat zuerst alle Gegenstände umgepustet?
- Im Wechsel: Umpusten (Kind 1), Materialien wieder aufstellen (Kind 2) usw.

Hinweise

Geräte/Materialien/Medien

- Geräte und Materialien, die leicht umgepustet werden können.

Seifenblasenspiele

Gruppengröße: ab 1

Beschreibung

1. Langsames „Aufpusten“ einer Seifenblase.
2. Versuchen, eine Seifenblase möglichst lange durch Pusten in der Luft zu halten.
3. Zwei Spieler pusten sich eine Seifenblase über ein kleines Netz (Schnur) zu. Derjenige, der es schafft, die Seifenblase auf dem Feld des Partners zum Platzen zu bringen, bekommt einen Punkt.
4. Seifenblasen durch Pusten durch einen mit Seifenschaum/ Seifenblasenmittel getränkten Waschlappen erzeugen.
5. Während die Seifenblase durch die Luft schwebt, sollen Geräusche gemacht (z.B. ein „sch“ phonieren).

Variationen/Erweiterungen

Hinweise

Geräte/Materialien/Medien

- Seifenblasenmittel
- Waschlappen

Geräuschmaschine

Gruppengröße: ab 3

Beschreibung

Jeweils drei oder mehr Kinder gehen zusammen. Sie haben die Aufgabe, aus sich selbst eine „Maschine" zu bauen. Diese Maschine soll einen „Namen" haben, Bewegungen und Geräusche machen.

Variationen/Erweiterungen

- Die Art der „Maschine" wird vorgegeben (z.B. Waschmaschine oder Transportband).
- Die Maschine kann Geräte und Materialien (z.B. Tennisbälle oder Jongliertücher) einsetzen bzw. weiter transportieren.
- Geräusche (beim Ein- und Ausatmen) vorgeben.

Hinweise

Geräte/Materialien/Medien

- evtl. Materialien zum Weitergeben

Kreispusteball

Gruppengröße: ab 5

Beschreibung
Die Mitspieler legen sich bäuchlings sternförmig auf den Boden. Sie halten ihre Hände auf dem Rücken. In der Mitte soll ein Kreis von ca. 2,50 m Durchmesser entstehen. Im Mittelpunkt dieses Kreises liegen 5-10 Tischtennisbälle. Auf ein Startzeichen hin sollen alle versuchen, die Tischtennisbälle aus dem Kreis zwischen den Mittspielern hindurch heraus zu pusten. Die Mitspieler, zwischen denen ein Tischtennisball „verschwunden" ist, erhalten einen Minuspunkt.

Variationen/Erweiterungen

Hinweise
Nach einem Durchgang eine Erholungspause einlegen.

Geräte/Materialien/Medien
- Tischtennisbälle

Baum im Wind

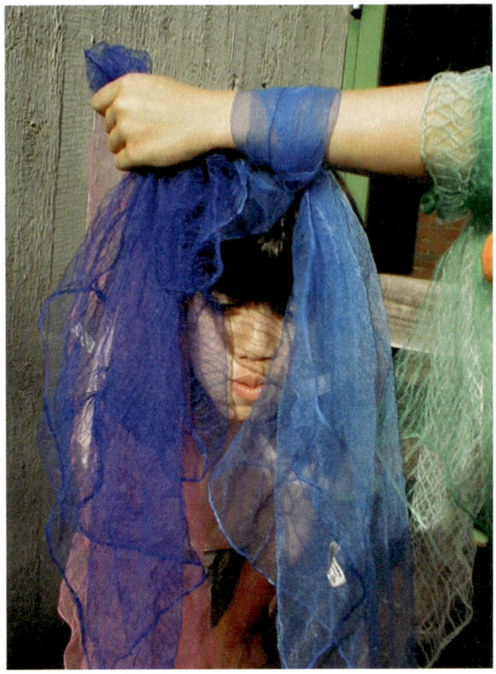

Gruppengröße: ab 2

Beschreibung
Ein Kind wird mit Hilfe von Jongliertüchern und/oder Seidenpapier zu einem Baum mit Ästen und einer Krone verkleidet. Die übrigen Kinder erzeugen durch Pusten Wind, der die „Blätter" und „Äste" des Baumes und - je nach Stärke des Windes – auch den ganzen Baum hin- und herbewegt. Danach werden die Rollen getauscht.

Variationen/Erweiterungen
- Eine Hälfte der Gruppe wird zum Wald, die andere macht einen „Waldspaziergang". Die „Bäume" haben die Augen geschlossen. Jetzt können auch vorsichtig „Herzen" in die Baumrinden (auf den Rücken) geritzt werden, „Vögel" können auf den „Ästen" hüpfen (mit den Fingern auf die Arme und Beine trommeln), „Regen" kann vom Himmel fallen (ebenfalls die Körper der Stehenden mit den Fingern beklopfen) und die „Sonne" kann zum Schluss die „Bäume" wieder trocknen und

wärmen (Handflächen auf einzelne Körperstellen eine zeitlang liegen lassen).

- Auch dürfen kleine Papiervögel oder Schwalben auf die „Äste des Baums“ gesetzt und diese gezielt vom Wind heruntergepustet werden.

Hinweise

Wichtig ist, dass die Atempause richtig eingehalten wird, damit eine Hyperventilation vermieden wird. Diese kann durch einen Spielwechsel herbeigeführt werden. Auch vermeiden sollte man, dass das Kind hörbar durch den weit geöffneten Mund einatmet, um keine Hochatmung zu provozieren.

Die Dauer des Spiels ist von der Atemluft der Beteiligten abhängig.

Beim Waldspaziergang ruhige Musik einspielen.

Geräte/Materialien/Medien

- Jongliertücher
- Seidenpapier
- evtl. Entspannungsmusik
- Wäscheklammern

Motz- und Meckerinsel

Gruppengröße: ab 12

Beschreibung
Je nach Gruppengröße wird eine bestimmte Anzahl an Gymnastikmatten (mind. vier) im Raum verteilt. Sie stellen „Inseln“ dar, auf denen sich jeweils nur in einer festgelegten Art unterhalten werden kann. So gibt es z.B. die „Motzinsel“, die „Zischinsel“, die „Pusteinsel“ und die „Summinsel“. Die Mitspieler bekommen Kärtchen in die Hand, auf denen jeweils der Name einer „Insel“ steht. Dann laufen sie nach Musik kreuz und quer durch den Raum und tauschen dabei immer wieder ihre Kärtchen aus. Bei Musikstopp sollen sie schnell zur der „Insel“ laufen, die auf dem aktuellen Kärtchen angegeben ist. Die Gruppe, die sich dort einfindet stimmt die entsprechenden Geräusche an. Das Laufen beginnt wieder, wenn die Musik erneut einsetzt.

Variationen/Erweiterungen

- Die Kinder erfinden neue Inseln, auf denen entsprechende Aufgaben durchgeführt werden sollen.
- Wer zuerst alle Inseln besucht hat, ist Sieger.
- Auf den Inseln soll jeweils das gleiche Lied in der festgelegten Art und Weise intoniert werden.

Hinweise

Geräte/Materialien/Medien

- Gymnastikmatten (evtl. Gymnastikreifen als Ersatz)

Hören

Horchlauf

Gruppengröße: ab 3

Beschreibung
Der Spielleiter schlägt mit der Triangel einen Ton an. Die Kinder dürfen so lange laufen, wie sie den Ton hören. Wenn sie nichts mehr hören, bleiben sie „versteinert“ stehen.

Variationen/Erweiterungen
- Statt Triangel ein anderes Handinstrument einsetzen (z.B. Tamburin, Gong, Klangschalen).
- Laufen bzw. Gehen mit geschlossenen Augen.
- Variationen hinsichtlich des Tempos.
- Ein Kind darf den Ton erzeugen.

Hinweise

Geräte/Materialien/Medien
- Triangel
- Tamburin
- Gong
- Klangschalen

Schatzwächter

Gruppengröße: ab 4

Beschreibung
Ein Kind ist „Schatzwächter“, hockt am Boden und hat die Augen verbunden. Vor ihm liegen Teile eines „Schatzes“ (z.B. Turnschuh, Socken, Bälle usw.). Die anderen versuchen abwechselnd nun aus einer Entfernung von ca. 3 m an den „Schatz“ heranzuschleichen und sich einzelne Teile zu stehlen. Bemerkt der „Schatzwächter“ den „Räuber“, so zeigt er auf diesen, der dann wieder an seinen Ausgangspunkt zurückkehren muss.

Variationen/Erweiterungen
- Zwei „Schatzwächter“.
- „Schatz“ und „Schatzwächter“ befinden sich im Mittelpunkt eines Kreises aus Kindern.

Hinweise
Das Spiel gelingt nur, wenn alle Mitspieler sich während des gesamten Spiels leise verhalten.

Geräte/Materialien/Medien
- „Schatzteile“
- Augenbinde

Mr. X

Gruppengröße: ab 5

Beschreibung
Die Kinder verteilen sich in der Halle und schließen die Augen. Sie sind „Agenten“, die „Mr. X“ fangen sollen. Das Kind, das „Mr. X“ spielt, hat die Augen offen. Auf Anweisung des Spielleiters geht zunächst „Mr. X“ mit lautem Auftreten eine bestimmte Anzahl von Schritten, dann gehen die „Agenten“, ebenfalls auf Anweisung. Wird „Mr. X“ gefangen/berührt, ist das Spiel zu Ende.

Variationen/Erweiterungen
- In großen Gruppen sollten zwei Mitspieler als „Mr. X“ bestimmt werden.

Hinweise
Während des Gehens sollten die Arme als Schutz vor Zusammenstößen nach vorn gehalten werden.
Wird das Spiel draußen gespielt, sollte „Mr. X“ beim Gehen in die Hände klatschen, um den „Agenten“ die Orientierung zu erleichtern.

Geräte/Materialien/Medien
- evtl. Augenbinden

Landeanflug

Gruppengröße: ab 7

Beschreibung

Die Gruppe bildet eine Gasse von ca. 2m Breite („Landebahn"). Ein Mitspieler mit verbundenen Augen („Flugzeug") steht in einer Entfernung von ca. 3m vor einem Eingang der Gasse. Um eine sichere Landung des „Flugzeugs" zu ermöglichen, erzeugen die Mitspieler unterschiedliche Geräusche (z.B. Zischen, Brummen, Summen...). Das „Flugzeug" bewegt sich nun auf die „Landebahn" zu und wird mit Hilfe der Geräusche bis zum Ende der Gasse geführt. Dabei soll der einzelne Mitspieler möglichst keinen Körperkontakt mit den anderen haben, d.h. das „Flugzeug" soll nicht von der „Landebahn" abkommen.

Variationen/Erweiterungen

- Bei großen Gruppen können zwei Gassen gebildet werden („Start- und Landebahn").
- Mehrere „Flugzeuge" landen kurz hintereinander.

- Die „Landebahn“ kann permanent verlängert werden, indem die Mitspieler, an denen das „Flugzeug“ vorbeigerollt ist, zum Ende der Gasse laufen und sich dort anstellen.
- Der einzelne Mitspieler bewegt auf einem Rollbrett.
- Eine Hälfte der Gruppe verteilt sich als „Heulbojen“ im Raum. Die andere Hälfte versucht, mit geschlossenen Augen den Raum zu durchqueren, ohne an die „Heulbojen“ zu stoßen.

Hinweise
Um die Orientierung des „Flugzeugs“ zu erleichtern, müssen die Mitspieler in der Gasse die Lautstärke variieren. Die Seite der Gasse, die der einzelne Spieler zu berühren droht, muss leiser, die andere lauter werden. Das „Flugzeug“ folgt den lauteren Geräuschen.

Geräte/Materialien/Medien
- evtl. Rollbretter

Familie Meyer

Gruppengröße: ab 12

Beschreibung
Zunächst zieht jeder Spieler verdeckt ein Kärtchen von einem großen Stapel. Auf diesem Kärtchen steht ein Familienname und ein Familienmitglied (z.B. „Mutter Meyer"). Wenn alle ein Kärtchen gezogen haben, laufen die Kinder kreuz und quer zu Musik durch die Halle. Auf ein Signal hin (Musikstop) sollen sich ganz schnell alle Familien finden und in einer bestimmten Reihenfolge auf bereitgestellte kleine Kästen setzen. Zuerst der Vater der entsprechende Familie, dann die Mutter auf seinen Schoß, dann folgt der Sohn und zum Schluss die Tochter. Man kann seine eigene Familie nur durch lautes Rufen finden. Die Familie, die zuerst komplett sitzt, hat gewonnen. Anschließend werden die Kärtchen während der folgenden Laufphase beliebig gewechselt. Beim erneuten Musikstop gibt es wieder neue Familien.

Variationen/Erweiterungen

- Bei Kindern, die noch nicht lesen können, werden Symbole auf die Kärtchen gezeichnet. Von jedem Symbol gibt es vier Kärtchen.

Hinweise

Die Anforderungen an das Hören werden gesteigert, wenn die Familiennamen bzw. die Symbole ähnlich klingen (z.B. Meyer, Weyer, Geier, Schmitz, Fritz bzw. Nase-Hase, Schuh-Kuh, Tanne-Kanne ...)

Geräte/Materialien/Medien

- Namens- bzw. Symbolkarten
- Musik zum Laufen

Störsender

Gruppengröße: ab 15

Beschreibung

Es werden drei in etwa gleich große Gruppen gebildet. Gruppe 1 („Sender“) steht an der einen Seite des Raumes; Gruppe 2 („Empfänger“) auf der gegenüberliegenden Seite, Gruppe 3 („Störsender“) in einer Linie in einem Abstand von ca. 1m vor Gruppe 2 (Blickrichtung zur Gruppe 3). Die Mitspieler der Gruppe eins sollen gemeinsam ein Lied singen, das die Mitspieler der Gruppe 2 erkennen sollen. Gruppe 3 setzt aber als „Störsender“ alle stimmlichen Mittel ein, um das Erkennen des Liedes zu verhindern. Ist das Lied identifiziert, wechseln die Gruppen.

Variationen/Erweiterungen

- Der „Störsender“ darf zusätzlich durch Hüpfen, Trampeln usw. den „Empfang“ behindern.

Hinweise

Bevor das Lied angestimmt wird, sollte der „Störsender“ seine Arbeit aufnehmen.

Geräte/Materialien/Medien

•

Muh-Mäh

Gruppengröße: ab 7

Beschreibung

Zwei Kinder verstecken sich im Raum, eins als „Kuh“ und eins als „Schaf“. Ein weiteres Kind schlüpft in die Rolle des „Bauern“, der seine Tiere in der Nacht wieder finden soll. Es hat die Augen verbunden. Die „Kuh“ und das „Schaf“ rufen aus ihrem Versteck „muh!“ bzw. „mäh“, während die anderen Kinder Hintergrundgeräusche erzeugen. Hat der „Bauer“ seine Tiere gefunden, wechseln die Rollen.

Variationen/Erweiterungen

- Als „Tiere-Durcheinander“: Je nach Gruppengröße gibt es verschiedene Tiere (jeweils mindestens zwei). Die Kinder gehen langsam durch den Raum und imitieren jeweils die entsprechenden Tierstimmen. Der „Bauer“ soll die gleichen Tiere zusammenführen.
- Aus einer „Tierherde“ soll ein „nicht passendes Tier“ identifiziert werden.

Hinweise

Jüngere Kinder können dieses Spiel zunächst mit offenen Augen durchführen.

Geräte/Materialien/Medien

- Augenbinde

Disco-Besuch

Gruppengröße: ab 7

Beschreibung
Die Gruppe bildet eine Gasse von ca. 2m Breite. Sie erzeugen Geräusche, die zu einer Diskothek passen (z.B. rhythmisches Stampfen, laute Musik...) Ein Mitspieler mit verbundenen Augen geht als „Diskotheken-Besucher" durch diese Gasse. Dabei soll er möglichst nicht an die anderen Mitspieler stoßen. Um dies zu verhindern, wird die jeweilige andere Seite der Gasse lauter.

Variationen/Erweiterungen
- Andere Grundsituationen (z.B. „Gang über einen Bauernhof", „Im Fußballstadion", „Unter Wasser", „Auf der Strasse" ...)
- die gleiche Spielsituation als „Lobstrasse" – Mitspieler loben und feuern mit ansprechenden Ausrufen an: z.B. „Super", „Toll", „Klasse" und Applaus

Hinweise
Dieses Spiel dient nicht nur der Verbesserung des Hörens, sondern bietet auch vielfältige Möglichkeiten des Experimentierens mit der Stimme.

Geräte/Materialien/Medien
- Augenbinde

Hör-Führung

Gruppengröße: ab 2

Beschreibung
Die Mitspieler bilden Paare. Ein Partner schließt die Augen und wird vom anderen mit Hilfe von selbst erzeugten Geräuschen durch den Raum geführt (z.B. Fingerschnipsen, Pfeifen, Händeklatschen, Zischen...). Dabei soll kein Körperkontakt aufgenommen werden.

Variationen/Erweiterungen
- Ein überzähliger Spieler versucht die Geräusche eines führenden Mitspielers nachzuahmen und den „Geführten“ zu übernehmen, ohne dass dieser dies bemerkt.
- Alle erzeugen das gleiche Geräusch. Dadurch wird ein noch intensiveres Hinhören provoziert.

Hinweise
Jüngeren Kindern sollten die Augen nicht verbunden werden.

Geräte/Materialien/Medien
- evtl. Augenbinden.

Kassettenrekorder

Gruppengröße: ab 5

Beschreibung
Die Mitspieler bilden Paare. Ein Partner schließt die Augen und hält sich ein Ende eines Heulrohres an ein Ohr. Der andere führt ihn am Oberarm durch den Raum und sucht nach „interessanten leisen Geräuschen“ (z.B. tickende Uhr, rauhe Oberfläche zum Reiben, ein tropfender Wasserhahn, ein Glas Mineralwasser...). Ist die Geräuschquelle erreicht, gibt der Führende das Kommando „Achtung Aufnahme“ und hält das freie Ende des Heulrohres nahe an die Geräuschquelle. Der geführte Spieler versucht, das Geräusch zu identifizieren. Dann gilt das Kommando „Aufnahme-Ende“ und das nächste Geräusch wird gesucht. So können jeweils drei bis fünf Aufnahmen gemacht werden. Anschließend erzählt der geführte Spieler (Kassettenrekorder), was er erkannt hat und was nicht.

Variationen/Erweiterungen

- Die Geräusche werden vorher „zusammengestellt“. Dann sollen z.B. von 20 Geräuschen einige ausgewählt und wiedererkannt werden.
- Die Geräusche bzw. die Geräuschquellen werden hinter einer Kartonwand oder hinter hochgestellten kleinen Turnkästen ausgelegt. Die Heulrohre werden durch die Kartons bzw. in die Öffnungen der Turnkästen gesteckt. Hinter diesen sitzen einzelne Kinder, die die Geräusche produzieren, ohne dass sie gesehen werden. Die übrigen Kinder lauschen von der anderen Seite und versuchen die Geräusche zu benennen.

Hinweise

Es dürfen nur leise Geräusche ausgewählt werden, um Verletzung des Trommelfells vorzubeugen.

Geräte/Materialien/Medien

- Heulrohre
- evtl. Augenbinden
- evtl. Kartons und/oder Turnkästen

Tierisch

Gruppengröße: ab 7

Beschreibung

Die Mitspieler bilden einen Kreis, ein Spieler mit verbundenen Augen steht in der Mitte. Damit er seine Orientierung verliert, wird er einige Male im Kreis gedreht. Auch die Spieler im Kreis dürfen ihren Platz wechseln. Nun zeigt das Kind in der Mitte auf einen Spieler im Kreis und nennt ein Tier. Das Kind, auf das gezeigt wurde, muss die entsprechende Tierstimme nachahmen. Aufgabe des Kreisspielers ist es nun, dieses Kind zu erkennen und seinen Namen zu nennen. Wird der richtige Name genannt, setzt sich das Kind hin, wenn nicht, bleibt es stehen. Nun zeigt der Spieler in der Mitte auf weiteres Kind und sucht sich ein neues Tier aus. So geht das Spiel weiter, bis alle Spieler des Kreises auf dem Boden sitzen.

Variationen/Erweiterungen

- Statt Tiere können andere „Geräuschquellen" genannt werden (z.B. Auto, Telefon, Flugzeug, Waschmaschine...)
- Es können Vornamen von Kreisspielern – mit Ausnahme des eigenen Namens – stimmlich verfremdet genannt, gesummt, gepiepst... werden.
- Zwei Spieler stehen in der Mitte, die sich beraten dürfen.

Hinweise
Es ist darauf zu achten, dass die nicht aufgerufenen und die am Boden sitzenden Spieler während des Spiels Ruhe bewahren.

Geräte/Materialien/Medien
- Augenbinde

Annäherung

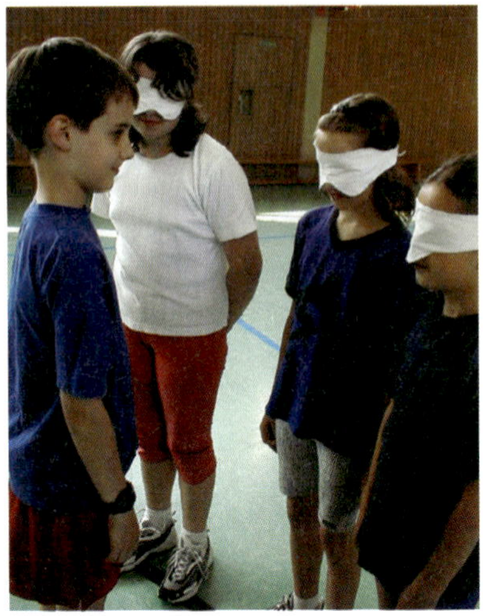

Gruppengröße: ab 5

Beschreibung

Die Gruppe bildet einen Kreis, ein Kind steht in der Mitte. Alle, bis auf das Kind in der Mitte, haben die Augen verbunden. Das Kind in der Mitte nähert sich nun möglichst leise einem Kind im Kreis. Bemerkt dieses die Annäherung, hebt es die Hände nach vorn. Der Kreisspieler beginnt dann von neuem. Gelingt die Annäherung, tippt der Kreisspieler dem erreichten Kind mit dem Finger vorsichtig auf die Nase. Der Kreisspieler wird nach einer vorher festgelegten Anzahl erfolgreicher Versuche gewechselt.

Variationen/Erweiterungen

- Paarweise.
- Der Kreisspieler steht auf einer Unterlage (z.B. umgedrehte Teppichfliese, Zeitungsblatt, Baumwolltuch...).

Hinweise

Damit die Durchführung dieses Spiels gelingt, muss innerhalb der Gruppe bis zum Ende Ruhe bewahrt werden. Ein Förderaspekt liegt auch in der kontrollierten Bewegungsausführung des Kreisspielers.

Geräte/Materialien/Medien

-

Geräuschememory

Gruppengröße: ab 1

Beschreibung
Gleich aussehende Behälter (z.B. Filmdöschen) werden jeweils paarweise zu etwa einem Drittel mit denselben Materialien gefüllt (z.B. Nudeln, Erbsen, Reis, Büroklammern, Sand...) und dann verschlossen. Durch Schütteln und genaues Hinhören sollen nun die Paare gefunden werden.

Variationen/Erweiterungen
- Das Spiel als „Quartett“ durchführen (jeweils 4 Döschen gehören zusammen).

Hinweise

Geräte/Materialien/Medien
- Filmdöschen
- Materialien zum Befüllen

Menschen-Geräuschememory

Gruppengröße: ab 10

Beschreibung

Zwei Spieler werden für kurze Zeit aus dem Raum geschickt. Die übrigen bilden Paare und sprechen ein gemeinsames Geräusch ab, das mit der Stimme erzeugt werden soll (z.B. Zischen, Brummen, Pusten...). Dann stellen sich alle Spieler durcheinander auf. Die beiden herausgeschickten Spieler werden hereingerufen und sollen nun – nach den Spielregeln des normalen Memories – die Paare herausfinden. Wer mehr erkannt hat als der Partner, ist Sieger des Durchgangs. Er darf die nächsten bestimmen, die hinausgehen sollen.

Variationen/Erweiterungen

- Die Geräusche werden mit Papprollen erzeugt.
- Der ganze Körper oder einzelne Körperteile dürfen zur Geräuscherzeugung eingesetzt werden (Fingerschnipsen, Hopsen, Händereiben...)
- Die Mitspieler bleiben nicht am Ort stehen, sondern gehen, während sie Geräusche erzeugen, langsam durch den Raum.
- Eine „Geräuschart" festlegen (z.B. nur Pfeifen), die variiert werden soll.

Hinweise
Bei jüngeren Kindern sollte der Spielleiter vor dem Raten die Geräusche in einem Probedurchgang „überprüfen".

Geräte/Materialien/Medien
- evtl. Papprollen

Klapperschlange

Gruppengröße: ab 10

Beschreibung
Zwei Spielern werden die Augen verbunden. Einer ist die „Schlange“, der andere der „Schlangenjäger“. Jeder bekommt eine mit einigen Steinchen gefüllte Konserven- oder Kaffeedose in die Hand. Die übrigen Spieler bilden einen großen Kreis um diese beiden. „Schlange“ und „Schlangenjäger“ werden ein wenig gedreht und weit voneinander entfernt postiert. Der „Schlangenjäger“ beginnt seine Jagd mit einem kurzen Schütteln seiner Dose, die „Schlange“ antwortet entsprechend.

Variationen/Erweiterungen
- Nur der „Jäger“ hat die Augen verbunden. Die „Schlange“ darf dann nur langsam gehen.
- „Jäger“ und „Schlange“ bewegen sich auf Rollbrettern liegend durch den Raum. Als Orientierung dienen die Laufgeräusche der Rollen.

Hinweise
Es ist darauf hinzuweisen, dass die beiden Spieler Zusammenstöße vermeiden. Dazu wird vorher ein Stopsignal vereinbart, das vom Spielleiter im Notfall erzeugt wird. Der Kreis um die beiden Spieler sollte nicht verlassen werden.

Geräte/Materialien/Medien
- Augenbinden
- Konserven- oder Kaffeedosen
- evtl. zwei Rollbretter

Reifengewitter

Gruppengröße: ab 3

Beschreibung

Möglichst doppelt so viele Reifen wie Mitspieler (besser noch mehr) werden durch Andrehen in Bewegung gehalten. Dabei passen alle Spieler auf alle Reifen auf. Auf ein Zeichen hin gehen sie in Bauchlage, legen ein Ohr auf den Boden und schließen die Augen. So sollen sie verharren, bis das „Gewitter" vorübergezogen ist, d.h. bis alle Reifen ausgetrudelt sind.

Variationen/Erweiterungen

- Eine Entspannungssequenz anschließen.

Hinweise

Geräte/Materialien/Medien

- Gymnastikreifen

Klackerei

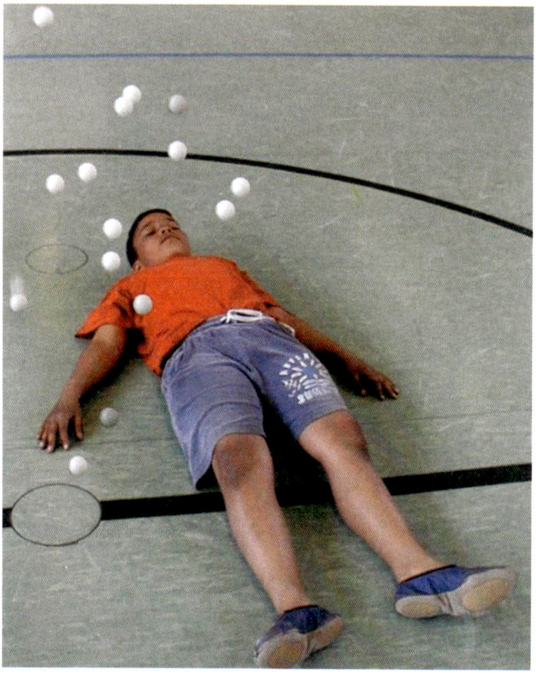

Gruppengröße: ab 1

Beschreibung
Alle Mitspieler liegen am Boden und schließen die Augen. Nun wird ein mit Tischtennisbällen gefüllter Karton oder Eimer aus möglichst großer Höhe auf den Boden ausgekippt. Alle sollen so lange still liegen bleiben, bis kein „Klackern" mehr zu Hören ist.

Variationen/Erweiterungen
- Tischtennisbälle langsamer und einzeln zu Boden fallen lassen; Anzahl zählen lassen.

Hinweise

Geräte/Materialien/Medien
- Karton/Eimer
- Tischtennisbälle

Flohfänger

Gruppengröße: ab 5

Beschreibung
Alle Spieler („Flöhe") stellen sich in einem vorher festgelegten Spielfeld auf. Ein Spieler wird als „Flohfänger" wird bestimmt, dem die Augen verbunden werden. Die „Flöhe" versuchen dem Fänger durch beidbeiniges Hüpfen zu entkommen. Der Fänger darf normal gehen. Jeder „Floh" hat in seinem Leben nur fünf Hüpfer und muss dann stehen bleiben. Gefangen ist derjenige, der vom Fänger berührt wurde. Die gefangenen „Flöhe" verlassen möglichst leise das Spielfeld. Das Spiel ist zu Ende, wenn alle „Flöhe" gefangen sind.

Variationen/Erweiterungen
- Nach einer vorher bestimmten Anzahl gefangener „Flöhe" wechselt der Fänger.
- Spiel auf Zeit.

Hinweise
Es ist den Flöhen streng verboten, sich hinzuhocken, da der nicht sehende Fänger so über sie stürzen könnte. Darüber hinaus ist die Größe des Spielfeldes der **Gruppengröße** anzupassen. Wichtig ist es zudem, dass gefangene „Flöhe" bis zum Ende des Spiels absolute Ruhe bewahren.
Verlässt der „Flohfänger" das Spielfeld, wird er vom Spielleiter gestoppt und in eine andere Richtung gedreht.

Geräte/Materialien/Medien
- Augenbinde

Doppeldeutig

Gruppengröße: ab 2

Beschreibung
Jeweils zwei Mitspieler lesen sich gleichzeitig einen Text (z.B. Sachtext, Gedicht...) vor. Sie versuchen dabei, möglichst viel vom anderen Text zu verstehen und zu behalten.

Variationen/Erweiterungen
- In größeren Gruppen können nachher den Zuhörern Verständnisfragen gestellt werden.

Hinweise
Es ist empfehlenswert, das Spiel jeweils nicht länger als zwei Minuten durchzuführen. Es kann sich hier im übrigen auch mit Kindern ein Gespräch über Möglichkeiten und Grenzen der Wahrnehmung ergeben.

Geräte/Materialien/Medien
- Textbeispiele

Minutenaufnahme

Gruppengröße: ab 2

Beschreibung
Die Mitspieler legen sich auf den Rücken und schließen die Augen. Für eine Minute lang sollen sie möglichst viele Höreindrücke sammeln. Der Spielleiter gibt ein Zeichen bei Beginn und am Ende der Minute. Anschließend erfolgt ein verbaler Austausch.

Variationen/Erweiterungen
- Einige Mitspieler gehen durch den Raum und erzeugen Geräusche mit Stimme und Körper.

Hinweise

Geräte/Materialien/Medien
- evtl. Augenbinden
- evtl. Materialien zum Erzeugen von Geräuschen (z.B. Reis in Filmdöschen, Luftballons usw.)

Selbst- und Fremdwahrnehmung

Das bin ich!

Gruppengröße: ab 2

Beschreibung

Die Kinder bilden Paare. Ein Kind legt sich auf eine am Boden liegende Tapete. Das andere malt mit Wachs- oder Filzstiften den Umriss des liegenden Kindes ab. Dieses versucht, möglichst still liegen zu bleiben. Wenn die Zeichnung fertig ist, darf das Kind aufstehen und „sich selbst" betrachten.

Variationen/Erweiterungen

- Der Körperumriss wird mit kleineren Gegenständen (wie Wäscheklammeren, Schnur, Baumwolltüchern) „ausgemalt".
- Versuchen, sich in den Umriss eines anderen Kindes zu legen.
- Von mehreren, am Boden liegenden Kindern, die sich an den Händen halten, wird ein Umriss angefertigt.
- In großen Gruppen kann eine „Körperumrissausstellung" veranstaltet werden.

Hinweise

Der fertige Umriss kann Anlass zu Gesprächen über den Körper bzw. das Körperschema sein. Hier bietet sich auch die Gelegenheit für den Erwachsenen, das Körperwissen des Kindes (Körperteile, Rechts- - Linksunterscheidung...) zu überprüfen bzw. zu vertiefen.

Geräte/Materialien/Medien

- Tapete
- Wachsmalstifte
- Wäscheklammern

Körperchaos

Gruppengröße: ab 2

Beschreibung

Jeweils zwei Kinder sitzen oder stehen sich gegenüber. Eines beginnt, indem es mit einem Finger auf ein eigenes Körperteil zeigt und dabei aber eine falsche Bezeichnung nennt (z.B. auf das Knie zeigen und sagen: „Das ist meine Nase!"). Der Spielpartner muss auf das gleiche, eigene Körperteil zeigen, jedoch den richtigen Begriff nennen. Dann findet ein schneller Wechsel statt.

Variationen/Erweiterungen

- In der Kreisaufstellung. Nachdem der erste Spieler die Übung in der oben beschriebenen Weise ausgeführt hat, zeigt er auf einen anderen Mitspieler, der die Bewegung mit der richtigen Bezeichnung nachahmen soll. Wer zu langsam ist oder einen Fehler macht, scheidet aus und gründet einen neuen Kreis.

Hinweise

Dieses Spiel dient nicht nur der Verbesserung der Körperwahrnehmung. Je schneller das Spiel gespielt wird, desto mehr Anforderungen werden auch an die Konzentration bzw. Aufmerksamkeit gestellt.

Geräte/Materialien/Medien

•

Körperreise

Gruppengröße: ab 1

Beschreibung

Die Kinder legen sich in Bauch- oder Rückenlage auf eine Matte und schließen die Augen. Wenn möglich, wird der Raum abgedunkelt. Der Erwachsene beschreibt nun eine Reise durch den Körper (evtl. beginnend am „Dicken Zeh"), den die Kinder mental nachvollziehen sollen. An den Ruhepunkten der Reise sollen die Kinder in sich „hineinhorchen" und nachspüren, wie z.B. der Boden berührt wird, ob es sich dort eher kalt oder warm anfühlt ... Am Ende der Reise haben die Kinder Zeit, langsam zu erwachen.

Variationen/Erweiterungen

- Im Sinne der sog. „Progressiven Muskelentspannung" werden einzelne Körperteile für einige Sekunden kräftig angespannt und dann wieder entspannt.
- Verschiedene „Fahrzeuge" (Schiff, Auto, Heißluftballon) reisen durch den Körper.
- Evtl. mit Begleitung durch Entspannungsmusik.

Hinweise

Bevor eine solche Übung möglich wird, ist es notwendig, sich über großräumige motorische Aktivitäten zunächst einmal auszutoben. Nach Gewöhnung an diese Situation kann dann sukzessive in ein regelmäßiges Entspannungstraining übergegangen werden. Wichtig ist in jedem Fall, genügend Zeit für ein Aufwachen einzuplanen und einzuhalten.

Geräte/Materialien/Medien

- evtl. Entspannungsmusik

Riesenzwergewackelpuddingbeton

Gruppengröße: ab 5

Beschreibung

Ein Zauberer verwandelt die Kinder in „Wackelpuddingriesen“ (sich möglichst groß aufrichten und schlaksig gehen), in „Beton-Zwerge“ (sich möglichst klein machen und mit überspannten Muskeln schnell und flink bewegen) oder eben in die jeweiligen Gegenteile („Beton-Riesen“, „Wackelpuddingzwerge“).

Variationen/Erweiterungen

- Sich entsprechend nach Musik bewegen (kurze charakteristische Musikstücke hintereinander auf Kassette schneiden).
- Mit Gang- bzw. Bewegungsarten verschiedener Tiere verknüpfen.
- Mit Lauten bzw. Geräuschen untermalen.

Hinweise

Geräte/Materialien/Medien

- evtl. Musik mit kontrastierender „Dynamik“

Marionettentheater

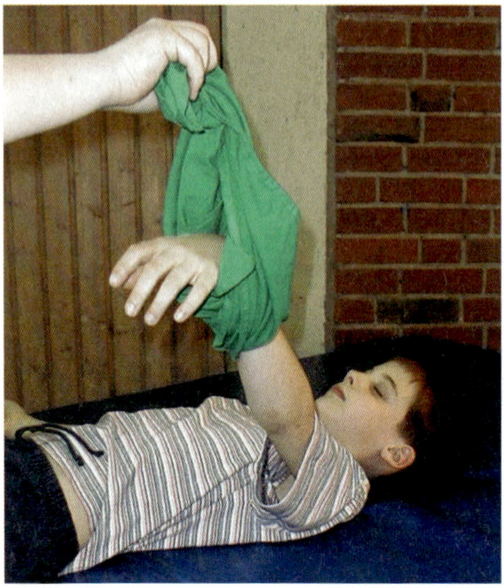

Gruppengröße: ab 1

Beschreibung

Es werden Paare gebildet. Ein Mitspieler liegt auf dem Rücken und hat die Augen geschlossen. Der andere kniet daneben und nimmt zunächst vorsichtig einen Arm am Handgelenk hoch. Der Arm (nur der Unterarm oder auch der ganze Arm) wird ein wenig geschüttelt bzw. hin und her bewegt. Dann kann er aus geringer Höhe auf die Matte fallen gelassen werden, dabei soll er ganz schlaff und entspannt fallen können. Gleiches geschieht mit dem anderen Arm. Dann wechseln die Rollen.
Wird die Aufgabe auch mit den Beinen durchgeführt, so werden diese sanft angehoben und evtl. seitlich hin und her bewegt, danach jedoch vorsichtig abgelegt und nicht fallengelassen.

Variationen/Erweiterungen

- Um das Hand- oder Fußgelenk wird ein Baumwolltuch geschlungen. So können sie ebenfalls vorsichtig hochgehoben und sanft durchgeschüttelt werden.

Hinweise

Geräte/Materialien/Medien

- evtl. Baumwolltücher

Halte dich bedeckt!

Gruppengröße: ab 10

Beschreibung

In der Mitte des Raumes liegen einige Decken, Laken und/oder Tücher. Die Gruppe bewegt sich zur Musik im Kreis um die liegenden Materialien. Bei Musikstopp sollen alle versuchen, sich möglichst schnell im Sitzen die Beine bis zu den Hüften mit den Decken oder Tüchern abzudecken. Mit dem Einsetzen der Musik laufen wieder alle. Es wird aber eine Decke weggenommen. Das Spiel geht dann so lange weiter, bis nur noch eine Decke vorhanden ist oder die Mitspieler es nicht mehr schaffen, alle Beine zu bedecken.

Variationen/Erweiterungen

- Andere Körperteile (z.B. nur die rechten oder linken Hände, Arme, Schultern...) bedecken.

Hinweise

Wichtig ist, dass kein Kind ausscheidet. Darüber hinaus ist, je nach Bodenbeschaffenheit, darauf zu achten, dass die Kinder wegen der Rutschgefahr beim Laufen genügend Abstand zu den am Boden liegenden Tüchern einhalten.

Geräte/Materialien/Medien

- Decken, Laken, Tücher etc. in unterschiedlichen Größen
- Musik zum Laufen, Springen, Hüpfen

Bildhauer

Gruppengröße: ab 2

Beschreibung
Es werden Paare gebildet. Dabei ist ein Kind der „Bildhauer", das andere das „Kunstwerk". Der „Bildhauer" stellt seine Skulptur durch vorsichtiges „Verbiegen" des Körpers und der Extremitäten dar. Die „Skulptur" soll möglichst bewegungslos in dieser Haltung verharren.

Variationen/Erweiterungen
- Eine bestimmte Grundsituation bzw. Thema (z.B. „Neugierige Touristen") oder „Gefühle" (traurig, erschöpft...) vorgeben.
- Bei Teilnehmern, die einander vertrauen, kann auch die Gesichtsmimik vom „Bildhauer" erstellt werden.
- Als „Schaufenstergestaltung": Ein Kind stellt zwei oder drei andere als „Schaufensterpuppen" auf. Die restlichen Kinder gehen an den Schaufenstern vorbei.
- Zwei zahlenmäßig gleichgroße Kreise bilden. Im Innenstirnkreis (äußerer Kreis) stehen die „Bildhauer". Im Außenstirnkreis (innerer Kreis) stehen ihnen jeweils die „Skulpturen" gegenüber. Wenn einige Veränderungen vorgenommen worden sind, rücken auf ein Zeichen hin die

„Bildhauer“ um eine „Skulptur“ weiter und setzen das dort Begonnene fort.
- Mehrere Kinder modellieren eine „Skulptur“. Die anderen sollen erraten, was diese darstellt.

Hinweise

Geräte/Materialien/Medien

-

Beschwernis

Gruppengröße: ab 1

Beschreibung
Ein Kind legt sich bäuchlings auf den Boden und schließt die Augen. Der Erwachsene oder anderes Kind verteilt nun vorsichtig Sandsäckchen unterschiedlicher Größe und unterschiedlichen Gewichts auf den gesamten Körper des liegenden Kindes. Dies darf eine Weile so liegen bleiben. Nun werden die Sandsäckchen ebenso vorsichtig einzeln wieder heruntergenommen.

Variationen/Erweiterungen
- Das liegende Kind soll durch ein vorher verabredetes Zeichen (z.B. Räuspern oder Trommeln mit den Fingern am Boden) zu erkennen geben, ob es gemerkt hat, dass ein Säckchen dazugelegt bzw. abgenommen wurde.
- Alle Kinder liegen mit geschlossenen Augen am Boden. Der Erwachsene geht durch den Raum und verteilt „hier und da" Sandsäckchen bzw.

nimmt sie wieder fort. Die Kinder können leise das Körperteil benennen, auf dem sie das Säckchen spüren.
- Nachdem das Kind abgedeckt wurde, kann es versuchen, sich aufzurichten und dabei möglichst wenige Sandsäckchen zu verlieren.

Hinweise

Wichtig ist, dass die Übung in möglichst großer Ruhe und nicht unter Zeitdruck durchgeführt wird. Sie eignet sich gut als Stundenausklang oder als Entspannungsphase nach einem körperlich anstrengenden Spiel.

Geräte/Materialien/Medien

- Sand- bzw. Reissäckchen
- evtl. Entspannungsmusik

Menschenrüttelbank

Gruppengröße: ab 10

Beschreibung
Jeweils vier oder fünf Spieler knien sich Schulter an Schulter in Bankstellung. Eine weitere Person legt sich vorsichtig mit dem Rücken auf diese „Bank". Durch sanfte Bewegungen der unteren Spieler (vorwärts-rückwärts; hoch-runter) wird die obere massiert bzw. sanft durchgerüttelt.

Variationen/Erweiterungen
- Statt in Rückenlage, sich in Bauchlage massieren lassen.

Hinweise
Das auf der Bank liegende Kind sollte sich zunächst zwischen die knienden Spieler stellen, sich vorsichtig auf eine Person (nah am Gesäß) hinsetzen und dann zügig hinlegen. Darauf achten, dass der liegende Mitspieler möglichst nah am Gesäß bzw. den Hüften der unteren liegt.

Geräte/Materialien/Medien
-

Treffer

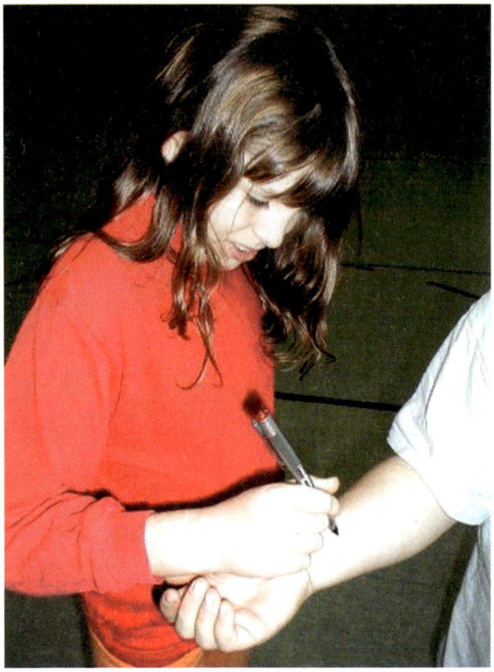

Gruppengröße: ab 1

Beschreibung
Es werden Paare gebildet. Ein Kind hat die Augen geschlossen und reicht dem Mitspieler seinen unbekleideten Unterarm, auf den das andere mit einem Filzstift oder Lippenstift einen Punkt malt. Partner A soll nun versuchen, mit einem Finger der anderen Hand und bei geschlossen Augen diesen Punkt anzutippen. Jetzt darf er die Augen öffnen und vergleichen.

Variationen/Erweiterungen
- Die gleiche Übung an den Beinen.
- Zwei Punkte hintereinander mit geschlossenen Augen.

Hinweise

Geräte/Materialien/Medien
- Filzstift, Lippenstift o. ä.

Geheimschrift

Gruppengröße: ab 1

Beschreibung
Die Kinder sollen versuchen, mit verschiedenen Körperteilen (z.B. Ellbogen, Becken oder Knie) den eigenen Namen in die Luft zu schreiben.

Variationen/Erweiterungen
- Zu zweit als Ratespiel: Ein Kind schreibt ein einfaches Wort oder malt eine einfache geometrische Figur in die Luft.

Hinweise

Geräte/Materialien/Medien
-

Klammerstachelschwein

Gruppengröße: ab 2

Beschreibung

Es werden Paare gebildet. Jeweils ein Mitspieler legt sich bäuchlings auf den Boden und schließt die Augen. Der andere kniet sich daneben und drückt mit einem Finger vorsichtig auf eine Stelle des Körpers. Anschließend heftet er dort eine Wäscheklammer an. Dies kann, je nach Stimmung, mit einer beliebigen Anzahl an Wäscheklammern fortgesetzt werden. Wenn alle Klammern verbraucht sind, steht das liegende Kind nach einer kurzen Ruhephase auf und versucht durch heftiges Schütteln und Hopsen, die Klammern abzuwerfen.

Variationen/Erweiterungen

- Mehrere Kinder heften an einem einzelnen Kind viele Klammern an.
- Nachdem eine Körperstelle gedrückt wurde, benennt das liegende Kind diese Stelle (mit der entsprechenden Seite).
- In Rücklage auf dem Boden liegen.

Hinweise

Wenn das liegende Kind es erlaubt, dürfen auch Klammern in den Haaren befestigt werden.

Geräte/Materialien/Medien

- Wäscheklammern

Abdeckung

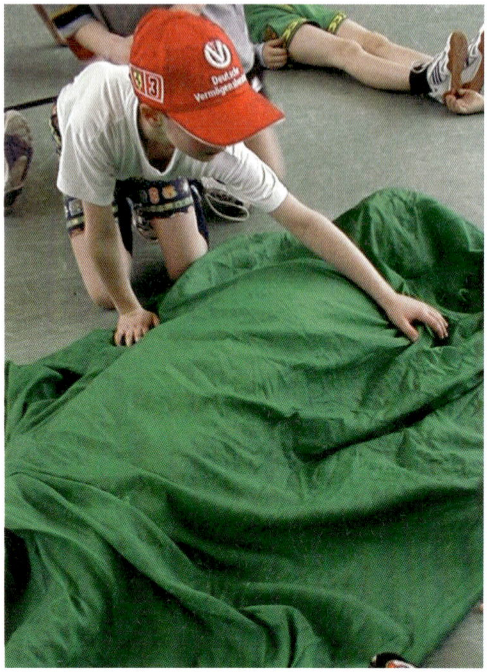

Gruppengröße: ab 3

Beschreibung

Ein Kind wird mit einem Schwungtuch oder einer großen Decke abgedeckt. Dann nimmt es eine beliebige Haltung bzw. Lage ein. Die anderen Kinder versuchen diese durch vorsichtiges Abtasten des liegenden Kindes durch das Schwungtuch zu erkennen. Anschließend legen sie sich entsprechend auf den Boden und das Schwungtuch wird zu einem Vergleich weggenommen.

Variationen/Erweiterungen

- Zwei oder drei Kinder liegen unter einem Schwungtuch.

Hinweise

Dieses Spiel kann nur mit Kindern durchgeführt werden, die sich schon gut kennen bzw. die sich vertrauen. Es ist in jedem Fall darauf zu achten, dass das liegende Kind vorsichtig und behutsam abgetastet wird. Eventuell empfiehlt es sich, dieses nacheinander durchzuführen.

Geräte/Materialien/Medien

- Schwungtuch oder Decke

Umraum

Gruppengröße: ab 1

Beschreibung
Jedes Kind sucht sich einen Platz im Raum. Über ein gleichzeitiges Strekken der Arme nach oben, zur Seite, nach vorne und nach unten, ohne den Platz zu verlassen. Dabei sollen sie sich vorstellen, sie wären Maler, die den noch gerade eben erreichbaren Raum um sich herum streichen.

Variationen/Erweiterungen
- Variationen hinsichtlich des Tempos.
- Mit geschlossenen Augen.
- Mit Tönen begleiten.

Hinweise
Es handelt sich um eine Übung, in der die Kinder ein Bewusstsein für ihren sog. „kinästhetischen Raum“ (individuellen Umraum, Körperausdehnung im Raum) entwickeln können.

Geräte/Materialien/Medien
-

Personenraten

Gruppengröße: ab 6

Beschreibung

Jeweils zwei Kindern malen von sich auf einem Stück Tapete oder einem großen Bogen Papier mit Wachsmalstiften ein Portrait. Dazu setzen sie sich einander gegenüber, schauen sich genau an und versuchen, so viele Details wie möglich zu Papier zu bringen. Anschließend kommt die Gruppe zusammen und legt die Bilder auf den Boden. Gemeinsam soll nun versucht werden, die Bilder den entsprechenden Personen zuzuordnen.

Variationen/Erweiterungen

- Die Portraits aus dem Gedächtnis malen. Dazu drehen sich die Zeichner nach dem intensiven Betrachten um.
- Mit verbundenen Augen ein Portrait malen.

Hinweise

Geräte/Materialien/Medien

- Tapetenreste bzw. Zeichenblöcke
- Wachsmalstifte

Außerirdische

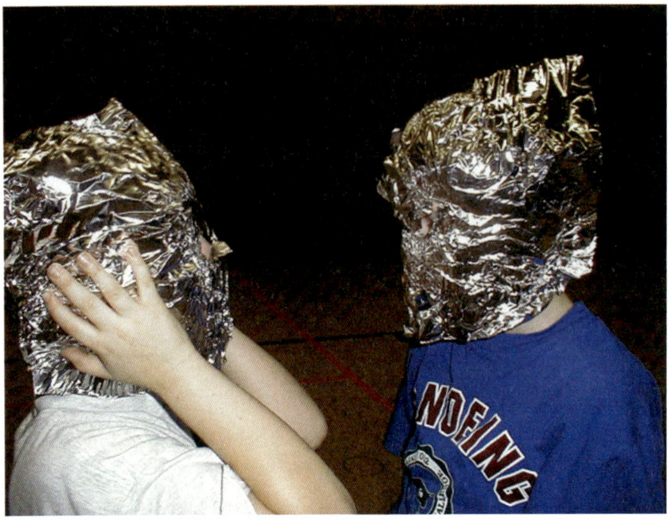

Gruppengröße: ab 4

Beschreibung

Jedes Kind bekommt ein Stück Alufolie, mit dem es sein Gesicht ganz bedecken kann. Die Folie wird fest aufs Gesicht gedrückt, so dass eine Maske entsteht. An den Stellen der Augen werden Löcher hinein gebohrt. Während diese vor das Gesicht gehalten wird, können verschiedene Laute (Summen, Zischen...) erzeugt werden, mit deren Hilfe sich die Mitspieler gegenseitig „unterhalten". Natürlich dürfen auch Worte bzw. Sätze formuliert werden. Mit zusätzlichen Alufolienstreifen können die Masken ausgeschmückt werden.

Variationen/Erweiterungen

- Mehrere Kinder erarbeiten eine kurze Szene

Hinweise

Die Kinder sollten darauf hingewiesen werden, dass dies ein eher außergewöhnliches Spiel ist, da Alufolien schlecht entsorgt werden können.

Geräte/Materialien/Medien

- Alufolie

Aus dem Bauch heraus

Gruppengröße: ab 5

Beschreibung
Die Mitspieler legen sich so in Rücklage auf den Boden, dass (bis auf den ersten Mitspieler) der Hinterkopf auf dem Bauch eines anderen liegt. So nimmt jeder Spieler zum anderen einen Winkel von 90° ein. Nun schließen sie die Augen und achten auf die eigenen und die fremden Körperbewegungen. Es kann auch gemeinsam gesummt werden.

Variationen/Erweiterungen
- Zunächst einmal in Kleingruppen (bis zu drei Mitspielern oder paarweise durchführen).

Hinweise

Geräte/Materialien/Medien
-

Gesichtertausch

Gruppengröße: ab 10

Beschreibung
Es werden zwei Gruppen gebildet, die sich gegenüber in einer Entfernung von mindestens 3 m aufstellen. Die Mitspieler stehen dabei hintereinander. Die ersten Spieler einer Reihe verziehen das Gesicht zu einer Grimasse, gehen auf ein Zeichen hin aufeinander zu und aneinander vorbei zur gegenüberliegenden Seite. Genau am Treffpunkt übernehmen sie die Mimik des Entgegenkommenden, ohne die Vorwärtsbewegung zu unterbrechen. Dann stellen sie sich am Ende der Gruppe an. Die nun ersten Spieler der beiden Gruppen setzen das Spiel in der gleichen Weise fort.

Variationen/Erweiterungen
- Nicht nur die Mimik, sondern auch die gesamte Art der Körperbewegung wird übernommen.
- Auch Geräusche und Laute.

Hinweise

Geräte/Materialien/Medien
-

Lautloser Vorname

Gruppengröße: ab 5

Beschreibung

Ein Kind sitzt vor der Gruppe und nennt den Vornamen eines anderen Mitspielers, ohne einen Laut von sich zu geben. Wer ihn als erster rät, darf als nächster einen Namen nennen.

Variationen/Erweiterungen

- In gleicher Weise ein bekanntes Lied singen, das erraten werden muss.

Hinweise

Geräte/Materialien/Medien

-

Groß und breit

Gruppengröße: ab 1

Beschreibung

Jedes Kind bekommt zunächst zwei Keulen oder Papprollen. Diese sollen so weit voneinander entfernt auf den Boden gestellt werden, dass die Entfernung möglichst genau der Spannweite zwischen den seitlich ausgestreckten Armen entspricht. Dies wird überprüft, indem das Kind sich nun zwischen die Keulen bäuchlings auf den Boden legt und die Arme weit wegstreckt. Natürlich sind mehrere Versuche erlaubt. Danach werden zusätzlich zwei Keulen aufgestellt, zwischen denen sich das Kind der Länge nach (Kopf bis Fußsohle) legen kann.

Variationen/Erweiterungen

- Ein Kind schätzt die Spannweite/Größe eines anderen Kindes und stellt die Keulen auf.

Hinweise

Geräte/Materialien/Medien

- Keulen oder Papprollen

Kommunikation – Interaktion

Hier bin ich!

Gruppengröße: ab 5

Beschreibung

Die Gruppe bildet einen Kreis. Nun stellt sich nacheinander jeder Mitspieler mit seinem Vornamen, einer Geste und einem Geräusch (z.B. Zischen) vor. Nachdem die Runde vollendet wurde, können einzelne versuchen, die Vorstellungsart der übrigen aus dem Gedächtnis nachzuspielen.

Variationen/Erweiterungen

- Nach jeder einzelnen Vorstellung wiederholt die Gruppe diese.

Hinweise

Geräte/Materialien/Medien

-

Gespräch am Gartenzaun

Gruppengröße: ab 2

Beschreibung
Jeweils zwei Kinder setzen sich einander gegenüber und unterhalten sich mit sogenannten „Explosivlauten“ in unterschiedlichen Emotionen („n“/„t“/ „k“). Der Spielleiter gibt an, wann die Partner wechseln sollen.

Variationen/Erweiterungen
- In ein Laufspiel (mit Musik) einbinden. Bei Musikstop finden sich immer schnell zwei Mitspieler zusammen.

Hinweise
Es sollten durch den Erwachsenen zunächst verschiedene Beispiele für Explosivlaute vorgestellt werden.

Geräte/Materialien/Medien
- evtl. Musik

Eiswürfelchen-Tauen

Gruppengröße: ab 15

Beschreibung

Je nach Gruppengröße werden ein oder zwei Fänger bestimmt. Die abgeschlagenen Spieler setzen sich auf den Boden und werden zu „Eiswürfeln". Ihnen ist kalt und sie phonieren laut und deutlich ein „f" oder „sch". Sie können wieder erlöst („aufgetaut") werden, wenn drei andere Spieler sich um sie herum aufstellen, sich an die Hände fassen und fünf mal ganz laut „tau-tau" rufen. Dabei dürfen sie nicht abgeschlagen werden.

Variationen/Erweiterungen

- Alle laufen zur Musik. Bei Musikstop werden sie zu „Eiswürfeln" und phonieren so lange ein „f" oder „sch" bis die Musik wieder einsetzt.

Hinweise

Geräte/Materialien/Medien

Brülldiktat

Gruppengröße: ab 6

Beschreibung

Es finden sich jeweils zwei Spieler zusammen. Einer der beiden stellt oder setzt sich an eine Seite des Raumes. Der andere geht langsam kreuz und quer durch den Raum. Die an der Seite stehenden Mitspieler haben jeweils ein kariertes Blatt vor sich, auf dem eine einfache geometrische Figur (ohne Diagonale) aufgezeichnet ist. Eine Stelle der Figur wird als Start markiert. Die im Raum herumgehenden Spieler haben ebenfalls ein kariertes Blatt vor sich, auf dem jedoch nur der Startpunkt markiert ist. Nun sollen sie versuchen, mit Hilfe der verbalen Informationen ihres jeweiligen Partners die Figur auf das eigene Blatt zu kopieren. So geben die am Rand stehenden Mitspieler ihren Partnern jeweils bekannt, um wieviel Kästchen man sich nach oben, nach links oder rechts, bzw. nach unten bewegt. So wird die Figur möglichst im Verhältnis 1:1 auf das leere Blatt mit Hilfe eines Bleistiftes oder Filzstiftes übertragen. Sieger ist das Paar, das als erstes fertig ist.

Variationen/Erweiterungen

- Zwischen diktierenden und zeichnenden Spielern einen Sichtschutz (z.B. ein aufgespanntes Schwungtuch) anbringen.

Hinweise

Vor dem Spiel muss die Ausführung deutlich und langsam demonstriert werden. Es ist darauf zu achten, dass zwischen Diktierenden und Zeichnenden ein vorher festgelegter Abstand eingehalten wird.

Geräte/Materialien/Medien

- Karierte Blätter mit Unterlagen
- Filzstifte, Kugelschreiber oder Bleistifte

Spiegelbild

Gruppengröße: ab 2

Beschreibung
Jeweils zwei Mitspieler stellen sich einander in einer Entfernung von ca. 1 m auf. Ein Spieler macht Bewegungen und Gesten vor, während der andere versucht, diese möglichst gleichzeitig spiegelbildlich nachzuvollziehen. Auch die Mimik kann und darf nachgeahmt werden.

Variationen/Erweiterungen
- Beide Partner legen die Handflächen aneinander und versuchen so gemeinsame Bewegungen zu machen. Dabei wechselt Führen und Geführtwerden.
- Die beiden Partner halten gemeinsam einen Ball (Medizinball, Gymnastikball, evtl. Peziball) von beiden Seiten mit beiden Händen fest und versuchen, nach Anweisung des Spielleiters den Ball in einfachen geometrischen Formen zu führen (z.B. Dreieck, Kreis...).
- Die beiden letzten Übungen auch mit geschlossenen Augen.

Hinweise

Geräte/Materialien/Medien
- Evtl. Gymnastik- oder Medizinbälle

Raseraupe

Gruppengröße: ab 10

Beschreibung
Alle Mitspieler bilden eine „Raupe“, indem sie sich hintereinander stellen und jeweils die Hände auf die Schultern des Vordermannes legen. Die Raupe bewegt sich zunächst langsam, dann immer schneller durch den Raum, im Kreis oder in Schlangenlinien. Nun soll die Raupe wieder langsamer werden sich hinknien und durch sich selbst hindurchkriechen, möglichst ohne dass die Spieler den Körperkontakt verlieren.

Variationen/Erweiterungen
- Nur der Raupenkopf (der erste Spieler) hat die Augen offen, die anderen schließen die Augen.
- Ohne Festhalten an den Schultern. Dabei soll ein gleichmäßiger Abstand eingehalten werden.

Hinweise
Es ist u.U. zunächst sinnvoll, dass mehrere kleine „Raupen“ (zu dritt) gebildet werden, die verschiedene Bewegungen ausprobieren.

Geräte/Materialien/Medien
- evtl. Mattenunterlage

Waldspaziergang

Gruppengröße: ab 6

Beschreibung

Die Mitspieler gehen jeweils zu zweit zusammen und stellen sich hintereinander auf. Der vordere („Baum") schließt die Augen. Nun berichtet der Spielleiter von Geschehnissen im Wald, die den „Bäumen" widerfahren. Diese werden von den jeweiligen Partnern durch die Hände am „Baum" dargestellt. So fängt es an zu regnen (mit den Fingern vorsichtig auf den Kopf, Schultern, Rücken und Beine trommeln). Der Regen wird heftiger (fester mit den Fingern trommeln). Der Regen hat aufgehört und die Sonne wärmt den Baum und seine Äste (Handflächen auf Kopf, Schultern und Beine legen und einen Moment lang festhalten). Vögel hüpfen auf den Ästen herum (an verschiedenen Stellen klopfen und mit den Fingern „springen"). Ein starker Wind weht (Hände an die Oberarme des Partners legen und ihn hin und her wiegen). Ein Herz wird in die Baumrinde geritzt (ein Herz auf den Rücken des Partners malen). Nach einer bestimmten Zeit lösen sich die massierenden Partner von den „Bäumen" und dürfen durch den gesamten „Wald“ gehen, mal hier und da einen „Baum“ besuchen, Windgeräusche, Vogelgezwitscher nachahmen usw. Zum Schluss treffen sich alle wieder bei ihrem Baum und die Sonne wärmt diesen noch einmal richtig durch, dann Rollentausch.

Variationen/Erweiterungen

- Evtl. können ruhige Musik oder Waldgeräusche zusätzlich eingespielt werden.

Hinweise

Geräte/Materialien/Medien

- evtl. Entspannungsmusik, Waldgeräusche

Wuselei

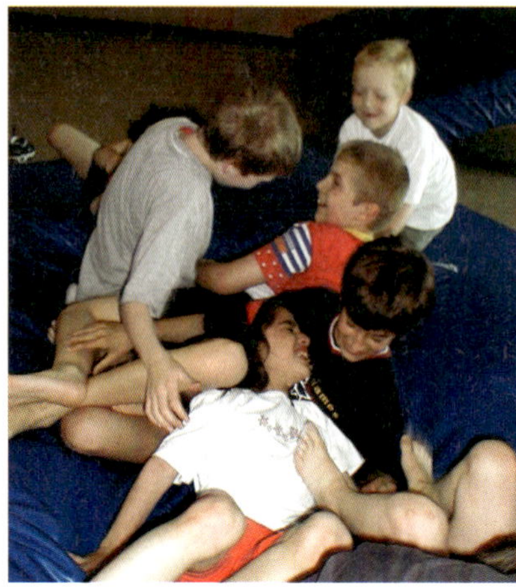

Gruppengröße: ab 10

Beschreibung
Es werden zwei Gruppen gebildet, die sich an den schmalen Seiten eines Spielfeldes oder einer Mattenfläche einander gegenüber setzen. Auf ein Zeichen der Spielleiterin hin sollen sie versuchen, robbend, kriechend oder krabbelnd auf die andere Seite zu wechseln und aneinander vorbeizukommen. Dabei geht es über-, unter- und durcheinander. Treffen zwei Mitspieler aufeinander, begrüßen sie sich in einer vorher ausgemachten Weise (z.B. durch Handschlag, durch Laute, durch einmal umeinander herumkrabbeln...).

Variationen/Erweiterungen
- Wenn die Möglichkeit besteht, den Raum abdunkeln.
- Bei der Begrüßung werden „Geheimbotschaften" ausgetauscht.

Hinweise
Am besten ist es, Schuhe und Strümpfe auszuziehen.
Darauf hinweisen, dass es nicht um Schnelligkeit geht und dass ein Aufstehen und Laufen nicht erlaubt ist.

Geräte/Materialien
- Gymnastik- oder Judomatten
- evtl. ruhige Hintergrundmusik

Ezwodezwo

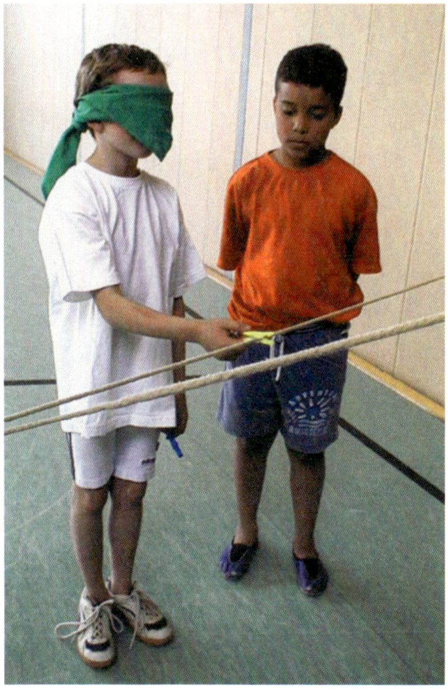

Gruppengröße: ab 2

Beschreibung

Es finden sich jeweils zwei Mitspieler. Ein Spieler ist der „Roboter". Er hat die Augen verbunden und hält eine Wäscheklammer in seiner Hand. Der Partner hat die Aufgabe, den „Roboter" zu dirigieren und dafür zu sorgen, dass er die Klammer in ein Ziel fallen lässt oder an einer vorher bestimmten Stelle (z.B. Kleidung eines anderen Mitspielers) anheftet. Dazu erteilt er die entsprechenden verbalen Informationen. Körperkontakt sollte dabei nicht aufgenommen werden.

Variationen/Erweiterungen

- Statt einer Wäscheklammer einen Ball, der in ein bestimmtes Ziel gerollt oder geworfen werden soll.
- Ein Spieler steuert zwei oder drei „Roboter".
- Zwei Spieler steuern einen „Roboter".

- Ein Hindernisparkur (z.B. Slalomstrecke) soll dabei überwunden werden.

Hinweise

Geräte/Materialien/Medien
- Augenbinden
- Wäscheklammern
- Bälle

Hand- und Fußtheater

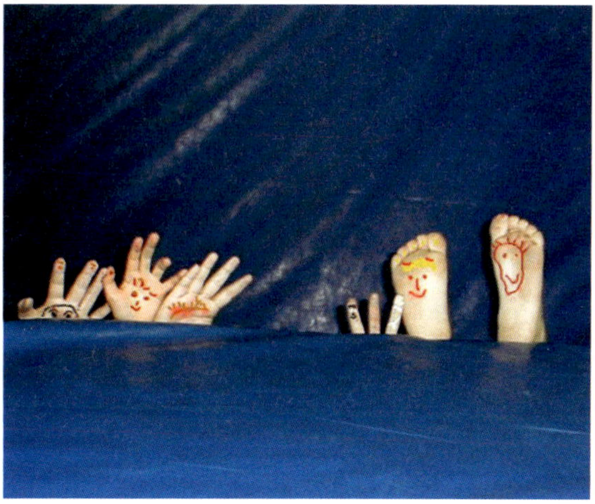

Gruppengröße: ab 5

Beschreibung

Zunächst malen sich die Kinder gegenseitig auf die Fingerkuppen mit Hilfe von Kugelschreibern, Filzstiften oder Lippenstiften unterschiedliche Gesichter auf. Nun können sie versuchen, sich gegenseitig zu unterhalten, einen Tanz aufzuführen oder eine „Gymnastik“ durchzuführen. Aus Baumwolltüchern oder mit Hilfe von Kartons lässt sich leicht eine kleine Bühne herstellen. Ähnliches kann mit den Füßen gemacht werden. Auch die gesamten Fußsohlen können als Gesichter oder als sogar „Fabelwesen“ angemalt, bzw. gestaltet werden. Auch hier ist eine Aufführung möglich, indem die Kinder sich auf den Rücken legen und die Füße hochlagern, z.B. auf eine Gymnastikbank.

Variationen/Erweiterungen

- Evtl. mit Musikunterstützung.

Hinweise

Geräte/Materialien/Medien

- Kugelschreiber, Filz-oder Lippenstifte
- evtl. Musik
- Kartons oder Baumwolltücher

Fühlpost

Gruppengröße: ab 5

Beschreibung
Die Kinder bilden einen Kreis, setzen sich auf den Boden und geben sich die Hände. Ein Kind schickt eine „Fühlpost" los, indem es die Hände eines Nachbarn ein- oder zweimal vorsichtig drückt. Dieser gibt diese „Post" wiederum an seinen Nachbarn weiter usw., bis sie wieder am Ausgangspunkt eintrifft.

Variationen/Erweiterungen
- Mit geschlossenen Augen.
- Die Anzahl der „Poststücke" wird nicht vorher bekannt gegeben.
- Ein Mitspieler sitzt in der Kreismitte und versucht zu erkennen, wo sich die „Post" gerade befindet.

Hinweise
Dieses Spiel eignet sich gut für eine konzentrative Phase am Schluss einer Stunde.

Geräte/Materialien/Medien
-

Wollknäuelei

Gruppengröße: ab 5

Beschreibung

Alle Mitspieler sitzen im Kreis. Ein Spieler, der ein Wollknäuel in der Hand hält beginnt. Er bindet sich das Ende des Wollfadens locker um das Handgelenk und fängt an eine Geschichte zu erzählen. An einem beliebigen Punkt wirft er das Wollknäuel einem anderen Mitspieler zu. Dieser wickelt sich ebenfalls den Faden um das Handgelenk und setzt die Geschichte fort. Auch er darf das Wollknäuel einem anderen Kind zuwerfen. Dies geht soweit bis alle Kinder durch das Wollknäuel miteinander verbunden sind.

Variationen/Erweiterungen

- Den Wollfaden wieder aufrollen und dabei die Geschichte fortsetzen.
- Wenn alle miteinander verbunden sind, versuchen, ohne die Spinnweben zu zerstören, aufzustehen und durch den Raum zu gehen.

Hinweise

Das Spiel eignet sich gut zum gegenseitigen Kennenlernen. Dazu nennt man den eigenen Vornamen und evtl. auch Informationen zur Person.

Geräte/Materialien/Medien

- Wollknäuel

Inforennen

Gruppengröße: ab 8

Beschreibung

Die Spieler gehen zu zweit zusammen. Alle stellen sich zunächst an einer Seite der Turnhalle nebeneinander auf. Der Spielleiter dreht einen Gymnastikreifen. Nun sollen die Spieler versuchen, während der Reifen sich dreht auf die andere Seite der Turnhalle zu laufen und wieder zurückzusein bevor der Reifen aufgehört hat, sich zu drehen. Am anderen Ende der Halle sollen die beiden – in der Kürze der Zeit – wichtige, vom Spielleiter erfragte Informationen austauschen. So sollen sie sich z.B. ihre drei „Lieblingsessen" erzählen, die Vornamen ihrer Großeltern, ihre zwei Lieblingsbücher usw. Dann laufen sie so schnell wie möglich zurück. Nun fragt der Spielleiter stichpunktartig jeweils einzelne Mitspieler nach den ausgetauschten Informationen.

Variationen/Erweiterungen

- Die Spieler sitzen im Kreis, die Partner nebeneinander. In der Mitte des Kreises wird der Reifen gedreht, währenddessen werden die erfragten Informationen ausgetauscht.

Hinweise

Geräte/Materialien/Medien

- Gymnastikreifen

Brötchentütenbrabbelei

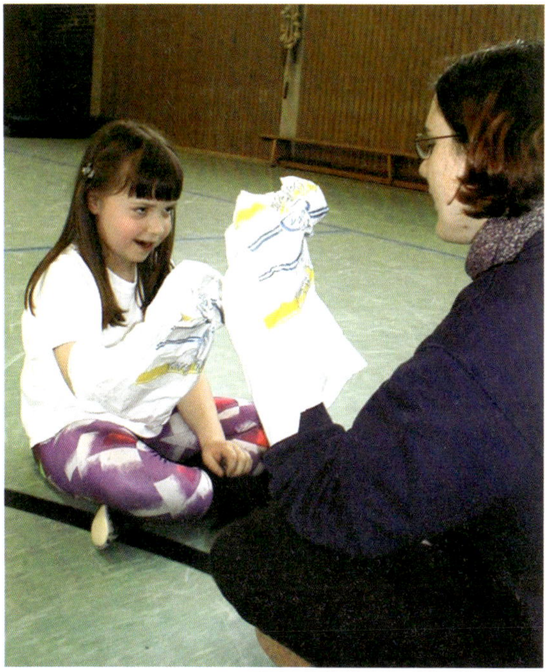

Gruppengröße: ab 2

Beschreibung

Die Spieler gehen paarweise zusammen. Jeder streift eine Brötchentüte über eine Hand. Nun kann diskutiert oder gemeinsam gesungen werden, der Experimentierfreude sind jedenfalls keine Grenzen gesetzt. Es kann auch versucht werden, allein durch das Rascheln und Knistern der Brötchentüten in einen Dialog zu kommen.

Variationen/Erweiterungen

- Statt Brötchentüten Briefumschläge (DIN A5) nehmen. Hier können auch einzelne Finger durchgesteckt und der Briefumschlag angemalt werden.
- Verschiedene Emotionen oder Grundsituationen vorgeben.
- Eine kleine Vorstellung (ähnlich wie Kasperletheater) initiieren und aufführen.

Hinweise

Geräte/Materialien/Medien

- Brötchentüten
- Briefumschläge
- Stifte

Namensplatz

Gruppengröße: ab 10

Beschreibung

Alle Kinder bis auf eines sitzen im Kreis. Das Kind in der Mitte nennt den Vornamen eines sitzenden Mitspielers. Nun versucht es so schnell wie möglich, das genannte Kind zu berühren. Dieses wiederum soll schnellstmöglich den Vornamen eines weiteren sitzenden Kindes nennen. Gelingt ihm dies vor der Berührung durch den Mittelspieler, darf es sitzen bleiben. Wenn nicht, werden die Rollen gewechselt.

Variationen/Erweiterungen

- Die Kinder denken sich vor dem Spiel neue Namen aus (z.B. Fantasie- oder Künstlernamen).

Hinweise

Geräte/Materialien/Medien

-

Ursachenforschung

Gruppengröße: ab 10

Beschreibung

Ein Spieler wird bestimmt, der für eine kurze Zeit den Raum verlassen soll. Die übrige Gruppe stellt sich in einem Kreis auf und ein „Initiator“ wird bestimmt, der nachdem der heraus geschickte Spieler wieder hereingekommen ist, Bewegungen vormachen soll, die die anderen nachahmen. Ziel des Spiels ist es, als „Initiator“ bzw. als Ursache der Bewegungen vom ratenden Spieler möglichst lange nicht erkannt zu werden. Ist der Verursacher enttarnt, wird ein neuer Spieler bestimmt, der als nächstes den Raum verlassen muss.

Variationen/Erweiterungen

- Statt freier Bewegungswahl Aufgabe: Spiel auf verschiedenen Instrumenten pantomimisch darstellen.
- Statt Bewegungen Geräusche oder Worte, die gemurmelt oder geflüstert werden.

Hinweise

Es empfiehlt sich, die erste Bewegung schon zu beginnen, wenn der ratende Spieler noch draußen ist.

Geräte/Materialien/Medien

-

Paarlauf

Gruppengröße: ab 12

Beschreibung
Die Mitspieler laufen zur Musik durch die Halle. Bei Musikstop finden sich immer zwei zusammen, die pantomimisch (mit und ohne Körperkontakt) die vom Spielleiter laut ausgerufenen Redewendungen darstellen sollen. Beispiele: Sich den Rücken freihalten, sich den Weg abschneiden, sich auf den Arm nehmen, sich in die Arme fallen, sich ein Bein stellen, sich gegenseitig den Weg freimachen...

Variationen/Erweiterungen
- Das ganze mit Geräuschen bzw. mit stimmlichen Lauten begleiten.

Hinweise

Geräte/Materialien/Medien
-

Ho! Ha!

Gruppengröße: ab 10

Beschreibung

Die Kinder laufen nach Musik. Bei Musikstopp laufen sie zum nächsten erreichbaren Mitspieler und stampfen breitbeinig auf. Dabei reißen sie die Arme nach oben, ballen die Fäuste und rufen so laut wie möglich „Ho! oder Ha!". Wer ein wenig zu spät brüllt, muss durch die gegrätschten Beine des Partners krabbeln. Die Musik setzt schnell wieder ein.

Variationen/Erweiterungen

- Statt „Ho! - Ha!" den eigenen Vornamen oder den des getroffenen Mitspielers brüllen.

Hinweise

Wichtig ist laute, rhythmische Musik. Sie sollte schnell wieder einsetzen.

Geräte/Materialien/Medien

- Musik zum Laufen

Vampir

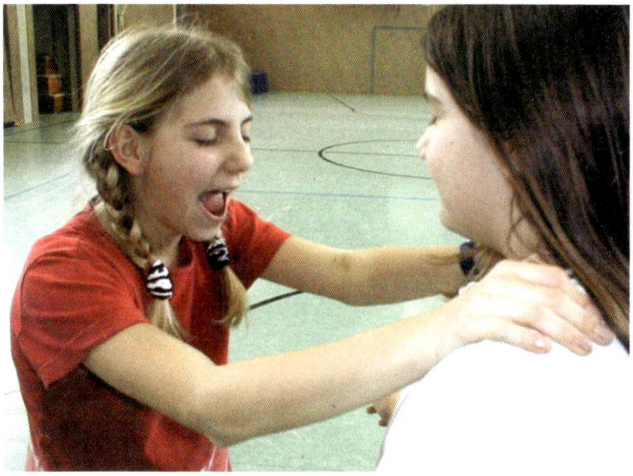

Gruppengröße: ab 1

Beschreibung

Alle Spieler haben die Augen geschlossen bzw. verbunden. Sie gehen langsam in der Halle umher, wobei sie sich mit den Händen absichern. Ein Mitspieler ist unbemerkt vom Spielleiter zum „Vampir“ ernannt worden. Trifft dieser auf einen anderen Mitspieler, hält er ihn kurz fest, rüttelt ihn an der Schulter vorsichtig durch und stößt dabei einen „grässlichen Vampirschrei“ aus. Dieser Mitspieler wird dadurch ebenfalls zum „Vampir“. Treffen zwei „Vampire“ aufeinander, rütteln sie sich gegenseitig durch und schreien beide, werden aber dadurch wieder zu „normalen Menschen“.

Variationen/Erweiterungen

- „Vampire“, die sich getroffen heben, werden nicht zu „Menschen“, sondern gehen aus dem Spiel und beobachten es. Sind es zufällig die beiden einzigen Vampire im Spiel, ist dieses damit beendet.

Hinweise

Es ist unbedingt darauf zu achten, dass keine Gegenstände bzw. Hindernisse im Weg liegen. Ein Verbinden der Augen ist nicht notwendig. Auch jüngere Kinder bemerken sehr schnell, dass das Spiel nur mit geschlossenen Augen spannend ist.

Geräte/Materialien/Medien

•

Scharadenraten

Gruppengröße: ab 15

Beschreibung
Die Mitspieler gehen jeweils zu zweit oder zu dritt (in großen Gruppen auch zu viert) zusammen. Jede Gruppe zieht verdeckt von einem Stapel zwei Kärtchen, auf denen „Scharaden" geschrieben worden sind. Sie haben nun eine bestimmte Zeit, diese Scharaden in Bewegungen bzw. in einer Pantomime umzusetzen. Nach dieser Zeit treffen sich alle Gruppen, bilden einen großen Kreis und setzen sich auf den Boden. Nun stellt nacheinander jede Gruppe ihre „bewegte" Scharade vor. Die übrigen Mitspieler sollen raten, um was es sich bei der Darstellung handelt. Beispiele: Sein Herz ausschütten, mit der Tür ins Haus fallen, aus dem Häuschen sein, jemanden ins Bockshorn jagen, jemanden auf dem Wecker gehen, jemanden etwas hinter die Ohren schreiben...

Variationen/Erweiterungen
•

Hinweise

Geräte/Materialien/Medien
• Karteikarten mit Scharaden

Experimentieren

Zoobesuch

Gruppengröße: ab 4

Beschreibung
Der Erwachsene oder ein Kind als „Zauberer“ darf bestimmen, in welche Tiere die übrigen Kinder verwandelt werden. Nach der Verwandlung bewegen die Kinder sich so wie das ausgerufene Tier und ahmen das entsprechende Geräusch nach (Schnauben wie ein Pferd, Piepsen wie eine Maus, Quaken wie ein Frosch...). Natürlich dürfen sich die „Tiere“ auch über bestimmte Dinge unterhalten oder ihre Emotionen über Stimme und Bewegung darstellen.

Variationen/Erweiterungen
- Die Kinder versuchen in bzw. mit der Tierstimme Worte und Sätze zu formulieren (z.B. meckernd wie eine Ziege).

Hinweise

Geräte/Materialien/Medien
-

Menschenradio

Gruppengröße: ab 2

Beschreibung
Jeweils ein Kind verkleidet ein anderes als „Radio". Hierzu können Klebestreifen, Jongliertücher, Bierdeckel, Küchenrollen...) genommen werden. Ist das „Radio" fertig, wird es sogleich ausprobiert (Welche Musik ertönt? Wo kann man es laut oder leise stellen? Wie kann man hohe und tiefe Töne einstellen? Gibt es irgendwo Nachrichten? Wie kann man die Sender verstellen?...).

Variationen/Erweiterungen
- Ein Kind wird von allen anderen als „Radio" verkleidet.
- Eine Wunschsendung kann vorher genannt werden.

Hinweise
Evtl. sollte – v.a. bei jüngeren Kindern – der Erwachsene zunächst einmal einzelne Funktionen eines Radios demonstrieren.

Geräte/Materialien/Medien
- Bierdeckel
- Jongliertücher
- Klebeband

Riesenwürfelei

Gruppengröße: ab 4

Beschreibung

Aus Tapetenbahnen wird ein großes quadratisches/rechteckiges Spielfeld im Raum/in der Turnhalle ausgelegt. Die Bahnen werden miteinander und am Boden mit Klebeband befestigt. Wie bei einem herkömmlichen Würfelspiel werden mit Wachsmalstiften Spielfelder (Kreise mit einem Durchmesser von ca. 60cm) in unterschiedlichen Farben auf die Tapetenbahnen eingezeichnet. Die Kinder würfeln nun in einer ausgelosten Reihenfolge mit einem Schaumstoffwürfel und dürfen dann gemäß der Augenzahl vorrücken (von Feld zu Feld hüpfen). Vor dem Hüpfen soll es einen Satz mit der gleichen Anzahl an Worten sagen.

Die Farbe des Kreises ist ausschlaggebend dafür, in welcher Weise bzw. Lautstärke das Kind den Satz aussprechen soll (laut-leise, hoch-tief, lustig-traurig...)

Variationen/Erweiterungen

- Als Mannschaftswettkampf (gewonnen hat das Team, dessen Mitspieler als erstes alle im Ziel sind).

- Mit „Herauswerfen“ (wenn sich zwei Kinder in einem Kreis treffen, muss das erste wieder von vorn beginnen).
- An einzelnen Kreisen können Zusatzaufgaben eingebaut werden.

Hinweise

Wenn einmal ein solches Würfelspiel gebastelt wurde, sollte man es nach dem Spielen wieder sorgfältig zusammenlegen, so dass man es noch öfter einsetzen kann.

Geräte/Materialien/Medien

- Tapeten
- Wachsmalstifte

Gruselstunde

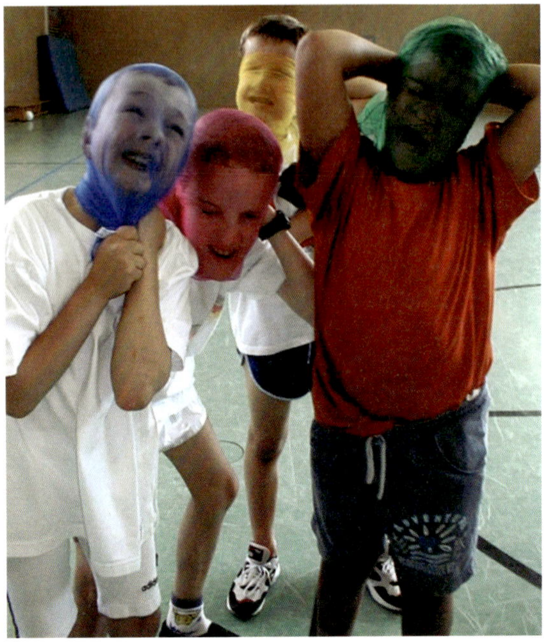

Gruppengröße: ab 2

Beschreibung
Jedes Kind bekommt ein Jongliertuch und hält es sich ganz eng vors Gesicht. Jetzt sollen alle Geräusche und Laute ausprobiert werden, die zu einem richtigen „Gespenst" gehören.

Variationen/Erweiterungen
- Zunächst eine Gruselgeschichte erzählen und dann nachspielen lassen.
- Evtl. noch zusätzlich Musik einspielen.
- Wenn möglich, Raum abdunkeln und die „Gespenstergesichter" mit einer Taschenlampe (von unten) anleuchten.

Hinweise

Geräte/Materialien/Medien
- pro Kind ein Jongliertuch

Trompetenwettbewerb

Gruppengröße: ab 5

Beschreibung

Aus einem Heulrohr, Wasserschlauchresten oder mehreren Papprollen werden trompetenähnliche Instrumente gebastelt. Nun soll in einem Wettbewerb festgestellt werden, wer der beste „Trompeter", welches das beste „Instrument" und welcher der schönste „Titel" ist.

Variationen/Erweiterungen

- Es werden „Bands" zusammengestellt.

Hinweise

Geräte/Materialien/Medien

- Papprollen
- Schleuderhörner
- Wasserschlauchreste

Verwandlungskünstler

Gruppengröße: ab 2

Beschreibung
Der Erwachsene oder ein Kind ist der „Zauberer". Durch Berührungen mit Hilfe seines „Zauberstabes" (z.B. Küchenrolle) kann er die Mitspieler in immer wieder wechselnde Stimmungslagen versetzen (freudig, hektisch, müde, krank, albern ...). Die Verzauberten sollen die entsprechenden Emotionen durch Töne und Bewegungen darstellen.

Variationen/Erweiterungen
- Ein Zauberspruch gilt für die ganze Gruppe.

Hinweise

Geräte/Materialien/Medien
- „Zauberstab" (z.B. Küchenrolle)

Stämmespiel

Gruppengröße: ab 9

Beschreibung

Es finden sich drei „Indianerstämme" aus jeweils mindestens drei Mitspielern zusammen. Die Stämme nennen sich „Stamm der flinken Füße", „Stamm der schnellen Zunge" und „Stamm der klatschenden Hände". In Vorbereitung des großen Indianerfestes hält jeder Stamm einen Rat ab, in dem er einen Stammesruf vorbereitet. Jeder Stamm darf dazu nur das benutzen, was im Stammesnamen aufgeführt ist (Hände, Füße, Stimme). Sie können zur visuellen Verdeutlichung ihres Rufes ein Plakat herstellen, auf dem ein entsprechendes Symbol aufgemalt ist. Bei Beginn des Festes kommen alle zusammen und stellen ihren jeweiligen „Stammesruf" vor. Anschließend bewegen sich alle Indianer kreuz und quer durch den Raum, während sie weiter ihren Stammesruf ausführen.

Variationen/Erweiterungen

- Weitere Indianerstämme mit unterschiedlichen und variierbaren Ausdrucksmöglichkeiten erfinden (z.B. „Stamm der Schnauf-Fuß-Indianer")
- Ein Indianerstamm übernimmt während des Spiels den Ruf eines anderen.

Hinweise

Dieses Spiel ist besonders geeignet für große Gruppen. Im Vordergrund steht neben dem gemeinsamen Erarbeiten und Präsentieren vor allem der Umgang mit unterschiedlichen körperlichen Ausdrucksqualitäten sowie die Anpassung an den Rhythmus der Gruppe.

Geräte/Materialien/Medien

- evtl. Pappe/Wachsmalstifte
- evtl. Schminke

Riesenklavier

Gruppengröße: ab 4

Beschreibung

Alle Mitspieler legen sich eng nebeneinander bäuchlings auf den Boden. Sie stellen damit einige Tasten des Klaviers dar. Als Probe soll das erste Kind der Reihe den tiefsten Ton anstimmen, das zweite Kind den nächst höheren der Tonleiter usw.
Der Erwachsene rollt als „Klavierspieler" nun einen großen Ball (Sitzball) über die Rücken der Liegenden. Das Kind, das den Ball auf seinem Rükken spürt, stimmt entsprechend der Art der Berührung den Ton an: Kurz oder lang, laut oder leise, stakkatoartig...). Der „Klavierspieler" darf auch den Ball hochnehmen und wieder auf einer anderen Person ablegen.

Variationen/Erweiterungen

- Statt Töne werden Geräusche, Silben oder Worte wiedergegeben.
- Statt eines Balles direkte Körperberührungen.

Hinweise

Geräte/Materialien/Medien

- Sitzball

Alien

Gruppengröße: ab 10

Beschreibung
Alle Mitspieler stehen im Kreis. „Alien" ist eine widerliche, schleimige Glibbermasse, die sich plötzlich aus dem Weltraum herabfallend auf das Gesicht eines Mitspielers niedergelassen hat (ein vorher bestimmter Mitspieler legt sich mit einem lauten Schlürfgeräusch die Hand auf das Gesicht). Damit den beiden Spielern links und rechts neben diesem nichts geschieht, schützen diese ihr Gesicht seitlich mit einer Hand. Der „befallende" Spieler nimmt mit einem schlürfenden und schmatzenden Geräusch die „Glibbermasse" aus seinem Gesicht und „wirft" sie pantomimisch einem anderen zu. Dadurch sind er und seine beiden Nachbarn (zunächst) wieder frei. Für denjenigen, dem „Alien" zugeworfen wurde (und seine Nachbarn), beginnt das Spiel wieder von vorn.

Variationen/Erweiterungen

- Zwei „Aliens“ ins Spiel bringen.

Hinweise

Damit das Spiel interessant bleibt ist darauf zu achten, dass sich nicht immer dieselben Spieler „Alien“ zuwerfen und die Geschwindigkeit gesteigert wird. Das Spiel verlangt sehr viel Konzentration und Reaktionsschnelligkeit.

Geräte/Materialien/Medien

•

Kreispantomime

Gruppengröße: ab 12

Beschreibung

Die Mitspieler stehen im Kreis, der Spielleiter befindet sich in der Mitte. Er zeigt auf einen Kreisspieler und nennt bestimmte Begriffe. Diese müssen schnell durch den bezeichneten Spieler und seine beiden Nachbarn pantomimisch dargestellt werden.

Vorschläge: „Elefant" (der Mittelspieler stellt Rüssel dar, indem er mit den Fingern einer Hand seine Nase faßt und den anderen Arm durch diesen hindurchstreckt, die beiden Nachbarn stellen die Ohren dar, indem sie ihre weit ausgebreiteten Arme an den Kopf des „Elefanten" halten. „Känguru" (Mitte: Körper des Tieres mit weit geöffneten Beutel; Nachbarn: Schauen in den Beutel, ob ein Junges darin ist). „Die drei Affen" (Mitte: Nichts Hören – Ohren zu halten –; Nachbarn: Nichts sehen und nichts sprechen – Mund bzw. Augen zu halten); „Kamel" (Mitte: bückt sich nach vorn; Nachbarn: legen den Kopf auf den Rücken als Höcker). „Toaster" (Mitte: Brotscheibe, die nach oben herausspringt; Nachbarn: halten sich an den Händen mit

der Brotscheibe dazwischen). „Mixer“ (Mitte: Hält seine Arme hoch und seitlich von sich gestreckt, Hand und Finger zeigen nach unten; Nachbarn: Laufen unter die ausgestreckten Arme und drehen sich einmal um die Längsachse).
Sobald der Kreisspieler auf eine andere Person zeigt, wird die Figur wieder aufgelöst.

Variationen/Erweiterungen

- Dieses Spiel kann durch Begriffe beliebig erweitert werden.
- Wer einen Fehler in der Darstellung macht, wird zum Spieler in der Kreismitte.
- Die Bewegungen mit Tönen begleiten.

Hinweise

Im Sinne der Sprach- und Stimmförderung sollte die pantomimische Darstellung auf jeden Fall mit Geräuschen begleitet werden.

Geräte/Materialien/Medien

-

Opernball

Gruppengröße: ab 3

Beschreibung

Unabhängig vom eigentlichen Inhalt bzw. Aufbau der Stunde werden einzelne Passagen von den Kindern und dem Erwachsenen wie in einer „dramatischen Oper" gesungen. Dies kann u.U. schon mit der Begrüßung beginnen.

Variationen/Erweiterungen

- Nur in einer bestimmten Stimmlage (z.B. nur hoch oder nur tief) singen.
- Mit bestimmten Emotionen (z.B. wütend oder traurig) singen.

Hinweise

Wichtig ist, dass der Erwachsene den Mut hat, mitzumachen und mit seiner Stimme zu experimentieren.

Geräte/Materialien/Medien

-

Brabbelei

Gruppengröße: ab 2

Beschreibung
Ein Mitspieler wird ausgewählt oder ausgelost, der durch Zupfen an seiner Unterlippe ein bekanntes Lied „brabbelt". Die anderen Mitspieler sollen dieses erraten. Wer es als erster erkennt, darf das nächste Lied zum Besten geben.

Variationen/Erweiterungen
- Statt eines Liedes ein Gedicht aufsagen.
- Im Duett oder Terzett singen.
- Zwei Mitspieler „brabbeln" gleichzeitig zwei verschiedene Lieder.
- Evtl. nach Musik „brabbeln".

Hinweise

Geräte/Materialien/Medien
- evtl. Musikbegleitung bzw. -untermalung

Brummkreisel

Gruppengröße: ab 2

Beschreibung

Nachdem ein Gymnastikreifen zum Kreisen gebracht wurde, sollen die Mitspieler, die im Kreis um den Reifen herum sitzen, bis zum Stillstand des Reifens vorher festgelegte Laute intonieren oder Geräusche machen (z.B. summen, lachen, pusten, weinen, schimpfen usw.)

Variationen/Erweiterungen

- Anstelle des Sitzens bewegen sich die Mitspieler durch den Raum.
- Die Kinder bringen eigene Ideen ein.
- Mit dem Austrudeln des Reifen werden die Geräusche leiser bis sie verstummen.
- In großen Gruppen mehrere Gymnastikreifen einsetzen.

Hinweise

Geräte/Materialien/Medien

- Gymnastikreifen

Sportveranstaltung

Gruppengröße: ab 10

Beschreibung

Ein Mitspieler verlässt die Halle. Die übrigen Mitspieler denken sich eine Sportart aus, bei der sie als Zuschauer fungieren. Sie stellen pantomimisch und mit Geräuschen dar, wie sie sich als Zuschauer bei einer bestimmten Sportveranstaltung (z.B. Fußballspiel, Reitturnier, Boxkampf, Tennismatch...) verhalten. Nachdem der Mitspieler hereingerufen wurde, soll er anhand des „Zuschauerverhaltens" erraten, um welche Sportart es sich handelt.

Variationen/Erweiterungen

•

Hinweise

Es ist wichtig, dass die pantomimischen Darstellungen vorher zumindest einmal kurz geübt werden.

Geräte/Materialien/Medien

•

Monster

Gruppengröße: ab 5

Beschreibung
Ein Kind (als „Monster“) legt sich unter ein Schwungtuch oder eine Decke. Die anderen Kinder necken vorsichtig das „Monster“, indem sie es z.B. kurz berühren oder antippen. Dieses stimmt zunehmend lauter werdende „Monstergeräusche“ an und erhebt sich plötzlich mit einem erlösenden Schrei. Dann versucht es, ein anderes Kind zu fangen, das das nächste „Monster“ sein darf.

Variationen/Erweiterungen
- Zwei „Monster“ befinden sich unter der Decke.

Hinweise
Darauf achten, dass das Kind nicht zu lange unter dem Schwungtuch liegen bleibt.

Geräte/Materialien/Medien
- Schwungtuch, Decke oder Laken

Wörterball

Gruppengröße: ab 5

Beschreibung

Ein Mitspieler bekommt den Ball, die übrigen stehen in einem Kreis um diesen herum. Nun nennt der Spielleiter einen „Oberbegriff" (z.B. Stadt, Tier, Pflanze...), der mit einem Anfangsbuchstaben versehen wird. Der Mittelspieler wirft den Ball so weit wie möglich weg und fängt im gleichen Moment an, zum Oberbegriff passende Wort mit jeweils dem gleichen Anfangsbuchstaben aufzuzählen (z.B. Hase, Hecht, Huhn, Hirsch...). Hat ein anderer Spieler den Ball aufgenommen, so ruft er laut „Stop!". Für jeden genannten Begriff bekommt der Mittelspieler einen Punkt.

Variationen/Erweiterungen

- Das Laufen nach dem Ball wird erst auf ein zusätzliches Zeichen des Spielleiters erlaubt.

- Bei jüngeren Kindern auf den gleichen Anfangsbuchstaben verzichten oder nur einen Anfangsbuchstaben ohne Oberbegriff nennen.

Hinweise

Geräte/Materialien/Medien
- Tennis- oder Gymnastikball

Geräuschbewegungsbörse

Gruppengröße: ab 10

Beschreibung
Die Mitspieler sitzen im Kreis. Ein Spieler erhebt sich und bewegt sich in einer möglichst „komischen“ Bewegung, die mit einem Geräusch verknüpft ist (z.B. dreibeiniges Krabbeln mit Schnarchen) zu einem anderen Mitspieler hin. Sie wechseln die Plätze. Der aufgerufene Mitspieler ahmt bis zur Kreismitte Bewegung und Geräusch nach und denkt sich dort eine eigene Aufgabe aus. So bewegt er sich auf den nächsten Spieler zu usw.

Variationen/Erweiterungen
- In großen Gruppen können auch zwei und mehr Spieler gleichzeitig unterwegs sein.

Hinweise
Bei jüngeren Kindern ist es empfehlenswert, dass der Erwachsene beginnt.

Geräte/Materialien/Medien
-

Schimpfworterfinder

Gruppengröße: ab 2

Beschreibung
Die Mitspieler sammeln und notieren mit Hilfe des Erwachsenen bekannte Schimpfausdrücke. Dann werden Neuschöpfungen kreiert. Die neuerfundenen Schimpfworte werden in einem „Konzert“ zum Besten gegeben. Schon erfundene sind z.B. „Du geigender Gurkenhammer“, „Du jaulender Junimopps“, „Du sechsmal ums Salzfass gewickelter Heringsschwanz“...

Variationen/Erweiterungen
- Schimpfwort-ABC zusammenstellen (vgl. Kap. „Bewegte Texte“).
- In größeren Gruppen als „Schimpfwortwettstreit“.
- Statt Schimpfworte werden lustige „Streichelworte“ erfunden (z.B. „Du kunterbuntes Kinkerlitzchen“, „Du ulkiges Öhrchen“ (vgl. Kap. „Bewegte Texte“).

Hinweise
Alle Wortschöpfungen sind erlaubt, mit Ausnahme beleidigender und diskriminierender Äußerungen. U.U. ist es sinnvoll, einen Pool von Adjektiven und Substantiven bereitzuhalten, aus dem die Kinder Kombinationen herstellen können.

Geräte/Materialien/Medien
- Pappe
- Wachsmalstifte

Raketenstart

Gruppengröße: ab 2

Beschreibung
Die Mitspieler stellen eine Rakete dar, die sich auf einem Flug zu einem noch unentdeckten Planeten begibt. Die Kinder fassen sich an den Händen und zählen gemeinsam den Countdown bis zum Start. Währendessen richten sie sich langsam aus der Hocke auf, um mit einem Strömungslaut (wie „f" oder „sch") zum Flug anzusetzen. Die Landung erfolgt auf einem abschließenden „t" am Boden. Experimentiert wird mit Tempo und Lautstärke.

Variationen/Erweiterungen
- Der Flug kann länger andauern. Dabei können die Kinder auch weitere „Raketengeräusche" erfinden und ausprobieren.

Hinweise

Geräte/Materialien/Medien

Reise durch die Galaxie

Gruppengröße: ab 4

Beschreibung
Die Kinder sitzen auf einer Gymnastikmatte („Raumschiff") hintereinander. Das Raumschiff steuert verschiedene Planeten an. Auf jedem Planeten sprechen die Bewohner eine andere Sprache. Nach der Landung auf einem Planeten steigen die Kinder aus dem Raumschiff aus. Um sich mit den Außerirdischen auf diesem Planeten verständigen zu können, müssen die Raumfahrer deren Sprache lernen. Der Kommandant des Raumschiffes (Erwachsener) gibt jeweils ein Sprachbeispiel vor. So beginnen z.B. die Bewohner des Planeten „Zandurius" alle Worte mit „Z", während bei den Bewohnern des Planten „Wamschamsch" alle Worte mit „Sch" aufhören. Die Bewohner des Planten „Xrx-200" kennen dagegen keine Vokale...

Variationen/Erweiterungen
- Laufen nach Musik („Raketenflug"), bei Musikstopp „Landung".

- Bei großen Gruppen können vorher die „Planeten“ im Raum eingerichtet werden (z.B. durch Gymnastikmatten oder Reifen). Reihum werden nun alle Planeten besucht.

Hinweise

Geräte/Materialien/Medien
- Gymnastikmatten
- Reifen

Rhythmus

Aramsamsam

Gruppengröße: ab 5

Beschreibung

Alle Mitspieler setzen sich in den Kreis und spielen bzw. singen das bekannte Lied „Aramsamsam“. Dazu werden die entsprechenden Bewegungen ausgeführt.

„Aramsamsam-Aramsamsam“: Im Takt gemeinsam auf den Boden klatschen (a=lang, ramsamsam=schnell; jeweils dreimal)

„Wulli-Wulli-Wulli-Wulli-Wulli“: Unterarme vor dem Körper kreisen

„ramsamsam“=schnell: jeweils dreimal, wieder mit klatschen der Hände auf dem Boden.

„Ich mag dich, Ich mag dich“: Dabei seinen Nachbarn anschauen und vorsichtig mit dem Finger antippen.

Variationen/Erweiterungen

- Dabei durch den Raum gehen und statt des Klatschens auf dem Boden in die Hände klatschen.
- Mit verschiedenen Stimmungen (z.B. müde, zornig, mit Bauchweh...).

Hinweise

Geräte/Materialien/Medien

- evtl. Tamburin

Affentanz

Gruppengröße: ab 10

Beschreibung
Alle bewegen sich tanzend nach rhythmischer Musik (am besten Trommelmusik) frei durch den Raum. Ein Gegenstand (z.B. Papprolle oder Bierdekkel) während des Bewegens schnell von einer Person zu einer anderen weitergegeben. Stoppt die Musik, ist der Spieler mit dem Gegenstand für kurze Zeit der „Affenkönig“. Er macht eine Bewegung vor, die alle bis zum nächsten Musikstopp ausführen müssen. Der Gegenstand wird dennoch immer weiter gereicht, so dass ein anderer Mitspieler neuer „Affenkönig“ wird.

Variationen/Erweiterungen
- Die Bewegungen bzw. der Tanz wird am Ort (im Kreis) ausgeführt.
- Ohne Musik, aber dafür mit Geräuschen.

Hinweise
Darauf achten, dass der Gegenstand auch angenommen wird, wenn man ihn gereicht bekommt.

Geräte/Materialien/Medien
- Musik für schnelle Bewegungen bzw. Laufen
- Papprolle, Bierdeckel o.ä. zum Weitergeben

Rhythmuskopierer

Gruppengröße: ab 2

Beschreibung
Alle Mitspieler haben einen Gymnastikstab in der Hand. Nacheinander gibt ein Spieler einen Rhythmus vor, indem er mit dem Gymnastikstab auf den Boden klopft, den die anderen nachahmen sollen.

Variationen/Erweiterungen
- Den Rhythmus mit stimmlichen Äußerungen verbinden.
- Paarweise vor- und nachmachen.
- Erst einen Rhythmus klopfen oder klatschen, dann versuchen, ihn „nachzugehen“.

Hinweise
Es empfiehlt sich, wenn der Erwachsene zunächst einmal einfache Rhythmen vorstellt und erläutert.

Geräte/Materialien/Medien
- Gymnastikstäbe

Namensecho

Gruppengröße: ab 5

Beschreibung
Die Gruppe sitzt im Kreis. Nacheinander sagt jeder seinen Vornahmen, der dann von allen nachgesprochen und gleichzeitig „nachgeklatscht“ wird. Dabei wird pro Silbe einmal in die Hände geklatscht.

Variationen/Erweiterungen
- Jeder darf sich einen Phantasienamen (z.B. Indianernahmen) ausdenken.
- Variationen hinsichtlich der Lautstärke und des Tempos.
- Während des Spiels durch den Raum gehen und den Schritt ebenfalls an den Rhythmus anpassen.

Hinweise
Diese Übung eignet sich gut zur Eröffnung einer Stunde oder zur Begrüßung neuer Teilnehmer.

Geräte/Materialien/Medien
-

Apatschen-Begrüßung

Gruppengröße: ab 3

Beschreibung

Die Kinder sitzen im Kreis und begrüßen sich nach Art der „Apatschen". Dazu darf zunächst jedes Kind kurz etwas aus seiner Sicht wichtiges erzählen. Anschließend sagen alle gemeinsam, langsam und deutlich, unterstützt durch bestimmte Gesten:

Uka uka uuh	(dabei aufs Brustbein trommeln)
Tipi tipi tuuh	(dabei vor sich auf den Boden trommeln)
Cumba cumbaja	(dabei in die übereinandergelegten Hände klatschen)
Eh! Akata-Eh!	(Dabei zweimal aufs Brustbein trommeln und einmal in die Hände klatschen)

Variationen/Erweiterungen

- Im Sprechgesang durchführen.
- Variation hinsichtlich des Tempos.

Hinweise

Das Spiel eignet sich für den Schluss einer Stunde bzw. ist gut in eine Reflexionsphase einzubauen.

Geräte/Materialien/Medien

•

Tausendfüßler

Gruppengröße: ab 5

Beschreibung
Alle Mitspieler stellen sich sehr nah hintereinander auf und fassen sich jeweils an den Hüften an. Auf ein Zeichen hin gehen alle gleichzeitig los, wobei der rechte Fuß zuerst nach vorn gesetzt wird. Der Spielleiter gibt mit einem Tamburin das Tempo vor, das allmählich gesteigert werden kann.

Variationen/Erweiterungen
- Fortbewegung auf Musik.
- Auf allen Vieren hintereinander. Dabei hält man sich an den Füßen des Vordermannes fest (oberhalb der Fersen). Auf das Startkommando hin werden jeweils das rechte Bein bzw. der rechte Arm nach vorn „geschoben".

Hinweise
V.a. bei jüngeren Kindern empfiehlt es sich, zunächst eine größere Distanz zwischen des Mitspielern einzuhalten, um ein Stolpern bzw. Hinfallen zu vermeiden.

Geräte/Materialien/Medien
- evtl. Tamburin

Körperorchester

Gruppengröße: ab 2

Beschreibung
Zunächst erprobt jeder Mitspieler, wie er ohne Einsatz der Stimme, ohne Geräte und ohne Hilfe eines Mitspielers möglichst ungewöhnliche Töne und Geräusche am eigenen Körper erzeugen kann (z.B. durch Klopfen mit den Fingern auf die Wangen bei leicht geöffnetem Mund, Reiben der Hände, Fingeschnippsen, Klatschen auf die Oberschenkel, Einpressen einer Hand in der Achselhöhle...). Dann finden sich zwei oder mehr „Musiker" zusammen, die gemeinsam ein „Musikstück" komponieren und natürlich auch in einem „Konzert" vorführen.

Variationen/Erweiterungen
- Ein passendes Lied dazu singen oder summen.
- Ein bekanntes Musikstück als Grundlage nehmen. Die übrigen Mitspieler sollen raten, um welches Stück es sich handelt.

Hinweise
Es sollte viel Zeit für die experimentelle Phase gegeben werden.

Geräte/Materialien/Medien
-

Versteinern

Gruppengröße: ab 5

Beschreibung
Alle Kinder laufen im Takt zur Musik oder zum Tamburin. Bei Musikstopp bleiben sie wie „versteinert“ stehen und dürfen sich nicht mehr bewegen. Der Spielleiter kann nun zu einzelnen Kindern hingehen und die Körperhaltung wie bei „Puppen“ verändern. Beim erneuten Einsetzen der Musik soll wieder im Takt gelaufen werden.

Variationen/Erweiterungen
•

Hinweise

Geräte/Materialien/Medien
- evtl. Tamburin
- Musik zum Laufen

Ja-Nein-Sager

Gruppengröße: ab 10

Beschreibung

Die Mitspieler stehen sich in einer Gasse in einer Entfernung von ca. 2 m gegenüber. Der Spielleiter gibt für eine Reihe einen 4er-Rhythmus vor, der mit den Füßen nachgemacht bzw. -getanzt werden soll. Die andere Reihe übt nun in der gleichen Weise einen 3er-Rhythmus ein. Nun bewegen sich beide Reihen gleichzeitig in ihrem Rhythmus auf der Stelle, dabei lautiert die Gruppe mit dem 4er-Rhythmus auf „4“ ein lautes „Ja“, während die Gruppe mit dem 3er-Rhythmus auf „3“ mit einem lauten „Nein“ antwortet. Die Mitspieler versuchen, Blickkontakt zu halten.

Variationen/Erweiterungen

- Die Gruppen bewegen sich in ihrem Rhythmus durch den Raum.
- Statt „Ja“ und „Nein“ werden andere gegensätzliche, einsilbige Begriffe (z.B. schwarz-weiß, hoch-tief...) oder Töne verwendet.

Hinweise

Evtl. muss das Spiel neu begonnen werden, um die unterschiedlichen Rhythmen wieder einzuüben.

Geräte/Materialien

Katzenmusik

Gruppengröße: ab 3

Beschreibung

Ein Mitspieler darf der „Dirigenten“ des „Katzenchores“ sein. Mit einer Hand gibt der „Dirigent“ vor, wie gesungen (geschnurrt, gesummt...) werden soll:

- Langsam und schwingend oder schnell und hektisch,
- hoch oder tief
- aufwärts, gleichbleibend oder abwärts.

Dabei sollen alle versuchen, den gleichen Rhythmus einzuhalten.
Dreht sich der „Dirigent“ mit dem Rücken zum „Katzenchor“, singen, brüllen, fauchen... alle so, wie sie wollen. Dreht er sich wieder um, geht das „Konzert“ sofort „diszipliniert“ weiter.

Variationen/Erweiterungen

- Andere Tierstimmen (z.B. Ziegen oder Elefanten) nehmen.
- Ein Chor mit vielen verschiedenen Tieren.

Hinweise
Dieses Spiel eignet sich erfahrungsgemäß gut für den Einsatz im Klassenraum (u. a. auch für das Einüben von Regeln).

Geräte/Materialien/Medien
•

Ene-meene-miste

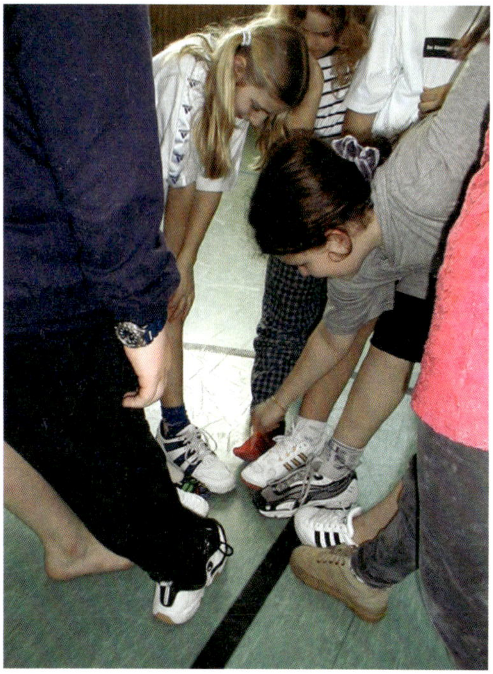

Gruppengröße: ab 5

Beschreibung
Bekannte Abzählverse werden mit rhythmischen Bewegungen gekoppelt. So kann z.B. während des Auszählens gehüpft oder in die Hände geklatscht werden.

Variationen/Erweiterungen
•

Hinweise

Geräte/Materialien/Medien
•

Auf dem Seerosenteich

Gruppengröße: ab 5

Beschreibung

Die Gruppe bildet einen Kreis. Jeder Spieler steht in einem Gymnastikreifen und stellt so einen „Frosch auf einem Seerosenblatt" dar. Auf ein Startzeichen hin („eins-zwei-drei-hopp!) hüpft jeder „Frosch" auf das „Seerosenblatt" des Nachbarn in die vorher festgelegte Richtung. Das Tempo kann nach einer kurzen Eingewöhnungsphase allmählich gesteigert und wieder vermindert werden. Am Ende des Spiels legen die „Frösche" sich schlafen und schließen die Augen. Der Spieleiter geht als „Storch" von Kind zu Kind und zwickt vorsichtig in eine Stelle des Körpers. Das Kind versucht, diese leise zu benennen.

Variationen/Erweiterungen

- Je nach Untergrund können statt der Gymnastikreifen auch Zeitungsblätter genommen werden.
- Ein bekanntes Lied wird gemeinsam gesungen. Die Sprünge erfolgen auf ein vorher festgelegtes Wort, wenn es im Text vorkommt.

Hinweise
Um Unfälle zu vermeiden, sollte deutlich die Richtung angegeben werden, in die gesprungen wird. Bei jüngeren Kindern empfiehlt es sich, zunächst einen Zwischenraum zu lassen, in dem zunächst hineingesprungen wird.

Geräte/Materialien/Medien
- Gymnastikreifen oder Zeitungsblätter
- evtl. Entspannungsmusik für das Ende des Spiels

Dreizehn ruft Vier!

Gruppengröße: ab 10

Beschreibung
Alle Mitspieler knien im Kreis und werden durchnummeriert. Alle klopfen sich gleichzeitig einmal auf die Oberschenkel, schnipsen erst einmal links und dann einmal rechts mit den Fingern. Der Spieleiter beginnt, in dem er beim Schnipsen mit den Fingern der linken Hand die eigene und beim Schnipsen mit den Fingern der rechten Hand eine andere Ziffer ruft. Der Spieler mit der aufgerufenen Ziffer setzt das Spiel fort, ohne dass der Rhythmus und die Bewegungen unterbrochen werden. Das Tempo sollte allmählich gesteigert werden. Verhaspelt sich ein Spieler, scheidet er aus und gründet damit einen neuen Spielkreis. Die Ziffern können beibehalten oder neu vergeben werden

Variationen/Erweiterungen

- Statt der Ziffern Vornamen verwenden.
- Bei einem Fehler scheidet der Spieler nicht aus, sondern wechselt den Platz mit einem anderen Spieler.

Hinweise

Geräte/Materialien/Medien

•

Kaffeeklatsch

Gruppengröße: ab 2

Beschreibung

Ein Spieler überlegt sich einen kurzen Satz und klatscht ihn mit dem entsprechenden Rhythmus vor. Zwischen den Worten wird eine kurze Pause eingelegt, so dass die anderen sowohl die Anzahl der Worte wie auch die Anzahl der Silben der jeweiligen Worte erkennen können. Die anderen Spieler hören konzentriert zu und überlegen sich einen Satz, der zu dem vorgegebenen Rhythmus passt.

Variationen/Erweiterungen

- Bei jüngeren Kindern sollten zunächst nur einzelne mehrsilbige Worte verwendet werden

Hinweise

Zunächst einmal sollte das Spiel ausführlich geübt bzw. demonstriert werden: Ein Kind nennt einen kurzen Satz und die anderen klatschen ihn in dem entsprechenden Rhythmus nach. Dann sollte der Spielleiter einen Rhythmus vorklatschen und anschließend seinen Satz dazu sagen.

Geräte/Materialien/Medien

•

Ballmaschine

Gruppengröße: ab 5

Beschreibung

Alle Spieler sitzen im Schneidersitz im Kreis und halten einen Tennisball in ihrer rechten Hand (Unterarm gestreckt, Handfläche nach oben). Alle greifen auf ein Zeichen des Spielleiters („und hopp!!“) gleichzeitig mit der linken Hand den Tennisball von oben und legen ihn in die rechte Hand des jeweiligen linken Nachbarn. Das Zeichen wird wiederholt und erfolgt immer schneller. So werden die Bälle in einer imaginären „Ballmaschine“ im Kreis weitergegeben. Bälle, die verloren gehen, sollen nicht wieder in den Kreis zurückgeholt werden. Die betreffenden Spieler machen die Bewegungen ohne Ball weiter. Wenn keine Bälle weiter gegeben werden können, wird die „Maschine repariert“.

Variationen/Erweiterungen

- Mit Geräuschen untermalen.
- Die Einzelteile der „Maschine“ machen unterschiedliche Greif- und Übergabebewegungen und unterschiedliche Geräusche.
- Mit rhythmischer Musik unterlegen.
- Verschiedene Gegenstände und Materialien weitertransportieren.

- In Gruppen andere „verrückte“ Maschinen entwickeln und ausprobieren.

Hinweise
Obwohl das Spiel ein wenig Gewöhnungszeit benötigt und es – v.a. bei jüngeren Kindern – nicht sofort gelingt, handelt es sich um eine sehr beliebte Grundsituationen, die vielfältig weiterentwickelt und variiert werden kann. Es geht nahtlos in die Thematik „darstellendes Spiel“ über.

Geräte/Materialien/Medien
- Tennisbälle
- andere Geräte und Materialien zum Weitergeben.

Takt-Schau

Gruppengröße: ab 10

Beschreibung
Mindestens ein Paar (bei größeren Gruppen mehr) setzt sich an eine Seite des Raumes bzw. des Spielfeldes. Die anderen Gruppenmitglieder (es sollten mindestens sechs sein) laufen, gehen oder hüpfen in einem individuell gewählten Rhythmus und Tempo durch den Raum, die sie möglichst beibehalten sollten. Einer der am Rand sitzenden Spieler begleitet die Bewegungen (Bodenkontakte) durch Geräusche (wie z.B. Zungenschnalzen) oder durch ein einsilbiges Wort (z.B. „blubb"). Der andere soll erraten, um welchen Spieler es sich handelt.

Variationen/Erweiterungen
- Die Gruppe spielt ein Fang- oder Ballspiel.

Hinweise

Es handelt sich um ein Spiel, das Kinder auch in anderen Alltagssituationen gut Spielen können (z.B. auf dem Marktplatz, bei einem Sportfest, in der Schulpause...), wenn es auch schwieriger ist, schnell wechselnde Rhythmen mit Geräuschen oder verbal zu begleiten.

Geräte/Materialien/Medien

•

Großer Wurf

Gruppengröße: ab 10

Beschreibung
Die Spieler stehen im Kreis und halten ein Jongliertuch in ihrer rechten Hand. Der Spielleiter zählt bis „drei". In diesem Moment werfen die Spieler ihre Tücher in die Luft und rücken um eine Position im Uhrzeigersinn weiter. Der Spielleiter zählt von Neuem und das Spiel wird fortgesetzt. Das Tempo wird gesteigert, bis ein Zählen nicht mehr notwendig ist.

Variationen/Erweiterungen
- Den Durchmesser des Kreises erweitern.
- Den vorgegebenen Rhythmus mit Geräuschen begleiten.
- Das übernächste Tuch fangen.
- Mit Richtungswechsel (statt „eins zwei drei", „eins zwei rechts" oder „links" zählen")
- Statt Jongliertüchern Gymnastikstäbe, die auf den Boden gestellt werden oder Bälle, die geprellt werden, einsetzen.

Hinweise

Geräte/Materialien/Medien

- Jongliertücher
- evtl. Gymnastikstäbe oder Gymnastikbälle

Tonfolgen

Gruppengröße: ab 6

Beschreibung

Die Kinder werden in zwei gleich große Gruppen aufgeteilt. Eine Gruppe konzentriert sich ausschließlich auf den Einsatz ihrer Stimme. Die andere Gruppe sucht sich einen Platz im Raum, der nicht allzu weit entfernt von der anderen Gruppe sein sollte, hält die Augen geschlossen. Nun beginnt die „Stimmgruppe" gemeinsam zu tönen. Die Kinder der anderen Gruppe nehmen die stimmlichen Impulse auf und beginnen, jeder für sich, diese in Bewegung umzusetzen. Die Stimmgruppe setzt sozusagen durch das Tönen, Summen usw. die andere Gruppe in Bewegung. Nach einiger Zeit wird gewechselt.

Variationen/Erweiterungen

- die Stimmgruppe setzt Akzente über ein „Kicksen", „Schnalzen" usw., während jedes einzelne Kind aus der Bewegungsgruppe diese wieder in Bewegungsimpulse umsetzt
- in Paarkonstellationen: ein Kind tönt und das andere bewegt sich dazu

Hinweise

Geräte/Materialien/Medien

-

Musikalische Begrüßung

Gruppengröße: ab 3

Beschreibung

Die Gruppe bildet einen Kreis. Die Erzieherin gibt der Gruppe einen 4-er Rhythmus vor. Es wird gemeinsam in die Hände geklatscht, während abwechselnd vom rechten auf den linken Fuß gewechselt wird (rechts vor, links vor, rechts zurück, links zurück). Dabei können sowohl über das Klatschen, als auch über das Stampfen der Füße Akzente gesetzt werden. Die Stimme kommt über ein „ha“ oder „hey“ zum Einsatz. Variiert werden kann mit verschiedenen Tempi (langsam lauter, dann ganz langsam immer leiser werden ohne dabei den gemeinsamen Rhythmus zu verlieren).

Die Gruppe behält den Rhythmus über die Bewegung und ein Händeklatschen bei, während ein Kind beginnt zu dem vorgegebenen Rhythmus seinen Vornamen zu singen. Die Gruppe bildet das Echo und wiederholt in gleicher Lautstärke. Dann findet ein Wechsel zum nächsten Kind statt.

Variationen/Erweiterungen

•

Hinweise

Es ist darauf zu achten, dass der gemeinsame Rhythmus beibehalten wird. In diesem Fall ist es sinnvoll, wenn der Erwachsene jeden neuen Impuls vormacht.

Geräte/Materialien/Medien

•

Klopfsender

Gruppengröße: ab 5

Beschreibung

Die Spieler setzen sich auf den Boden in einen Kreis, so dass sie jeweils auf den Rücken des vorderen Spielers sehen können. Ein Kind gibt durch Klopfen mit den Fingerspitzen auf den Rücken des vor ihm sitzenden Kindes einen Rhythmus vor, den dieses Kind wiederum auf dem Rücken des seinerseits vor ihm sitzenden nachahmen soll. Das erste Kind hält den Rhythmus so lange bei, bis er diesen selbst auf seinem Rücken spürt. Dann kann es einen anderen Rhythmus mit einer anderen Frequenz und einem anderen Druck wählen.

Variationen/Erweiterungen

- Statt in der Kreisform kann das Spiel auch in einer Reihe ausgeführt werden. Das letzte Kind der Reihe beginnt. Ist der „Rhythmus" beim ersten Kind angekommen, setzt es diesen in stimmliche Laute um. Nun kann das letzte Kind sich vor das erste setzen und ein neuer Durchgang beginnt.

Hinweise

Dieses Spiel kann gut in eine Rückenmassage zur Entspannung übergehen.

Geräte/Materialien/Medien

-

Bewegte Texte

Hi, der Poltergeist

Hi war ein klitzekleiner Poltergeist. Er war so klein, daß er durch das winzige Schlüsselloch schlüpfen und in einem Fingerhut schlafen konnte.

Natürlich schlief er nur tagsüber, denn nachts mußte er spuken. Das war eine feine Sache, sehr lustig und gar nicht langweilig; aber es strengte an.

Hi und seine Familie bewohnten ein Schloß, wie sie es sich nicht besser hätten wünschen können. Es war das schönste Spukschloß der Weit! Mutterseelenallein stand es auf einer Insel im Sumpf. Dichtes Gestrüpp wucherte an den halbverfallenen Mauern empor. In hellen Nächten guckte der Vollmond durch die leeren Fensterhöhlen, und in finsteren Nächten tanzten die Irrlichter als blaue Flämmchen auf dem Wasser.

Jenseits des Sumpfes wuchs dichter Wald: ernste Tannen und Fichten und da und dort eine knorrige Eiche dazwischen. Weit und breit gab es keinen Menschen; und wenn sich einer zu später Stunde in die Nähe des Spukschlosses verirrte, heulten ihn die Geister in die Flucht.

Das Schloß gehörte ihnen allein:
dem klitzekleinen Hi,
dem kleinen He,
Mutter Ha,
Vater Ho
und Großvater Hu.

Am schönsten waren die Singstunden in den Neumondnächten, wenn die Irrlichter über den Sumpf hüpften, von zwölf Uhr Mitternacht bis ein Uhr morgens.

Großvater Hu begann, Vater Ho fiel ein, dann Mutter Ha, Bruder He und zum Schluß der klitzekleine Hi. Das hörte sich so an:
„Hu – uuuuuuuuuuuuuuu!"
„Ho – ooooooooooooo!"
„Ha – aaaaaaaaaaa"
„He – eeeeeeeee"
„Hi – hi!"

Großvater Hus Stimme dröhnte dumpf, als ob sie aus der längsten Baßpfeife einer Orgel käme. Vater Ho sang nicht ganz so tief, aber er grollte auch zum Fürchten. Mutter Ha sang lieblicher als die Männer. Bruder He war immer ein bißchen heiser. Er meckerte, statt zu singen.
Das Hi-hi war ein klitzekleiner Schnörkel und klang wie ein winziges Lachen.

B. Haselbach

Quelle: Haselbach, B. (1985), Musik und Tanz mit Kindern, Mainz, 376-377

Traktor-Geknatter

Ein Traktor kommt um die Ecke gerattert.
Man kennt ihn gleich, wie er klappert und knattert
und rüttelt und ruckelt
und zittert und knackt
und schüttelt und zuckelt
und stottert im Takt –
bis unter die Brücke zum dicken Bagger
wackelt der Traktor mit taketa-taka
taketa-taka-taketa – pff
take pff
take – aus!
Dann geht der Traktorfahrer nach Haus.

Hans A. Halbey

Seepferdchen und Flugfische

tressli bessli nebogen leila
flusch kata
ballubasch
zack hitti zopp

zack hitti zopp
hitti betzli betzli
prusch kata
ballubasch
fasch kitti birmm

zitti kitillabi billabi sillabi
zikko di zakkobam
fisch kitti bisch

bumbalo bumbalo bumbalo bambo
zitti kitillabi
zack hitti zopp

treßli beßli nebogen grügrü
blaulala violabimini bisch
violabimini bimini bimini
fusch kata
ballubasch
zick hitti zopp

Hugo Ball

Quelle: Ball, H. (1963), Gesammelte Gedichte, Zürich: Schifferli

Ritual

Guten Morgen, ihr Füße! Wie heißt ihr denn?
Das ist mein rechter Fuß,
das ist mein linker Fuß.
Rechter Fuß und linker Fuß gehen auf die Wiese.
Sie stapfen durch das nasse Gras,
da werden Schuh' und Strümpfe naß.
Sie können auch ganz leise gehen
und wollen nach den Schnecken sehn.

Überlieferter Text, bearb. von D. Heinemann

Quelle: Lotzmann (Hrsg.) (2000), Selbstwahrnehmung und Fremdwahrnehmung bei Sprach-, Sprech-, Stimm- und Hörstörungen, Würzburg: edition bentheim

Fingerspiel

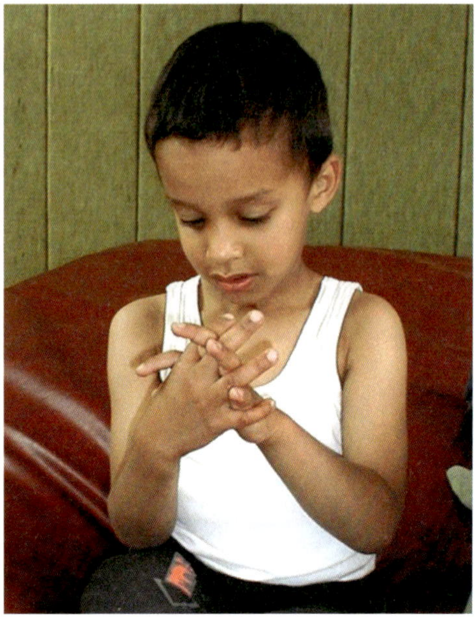

Fünf Männlein sind in den Wald gegangen,
die wollten den Osterhasen fangen.
Der erste, der war so dick wie ein Faß,
der brummte immer: Wo ist der Has?
Der zweite rief: Sieh da, sieh da!
Da ist er ja, da ist er ja!
Der dritte war der allerlängste,
doch leider auch der allerbängste!
Der fing gleich an zu weinen:
Ich seh' ja keinen! Ich seh' ja keinen!
Der vierte sagt: Das ist mir zu dumm,
ich mach nicht mehr mit, ich kehr' wieder um!
Der kleinste aber, wer hätt' das gedacht,
der hat den Hasen nach Hause gebracht.
Da haben alle Leute gelacht!

Überlieferter Text, bearb. von D. Heinemann

Quelle: Lotzmann (Hrsg.) (2000), Selbstwahrnehmung und Fremdwahrnehmung bei Sprach-, Sprech-, Stimm- und Hörstörungen, Würzburg: edition bentheim

Bewegungsspiel

Hinter Büschen sitzen Katzen,
putzen ihre weichen Tatzen,
blinzeln aus den Augenschlitzen,
horch – ein Kratzen! Wie sie flitzen!

Überlieferter Text, bearb. von D. Heinemann

Quelle: Lotzmann (Hrsg.) (2000), Selbstwahrnehmung und Fremdwahrnehmung bei Sprach-, Sprech-, Stimm- und Hörstörungen, Würzburg: edition bentheim

Fink und Frosch

Im Apfelbaume pfeift der Fink
sein: pinkepink.
Ein Laubfrosch klettert mühsam nach
bis auf des Baumes Blätterdach
und bläht sich auf und quakt: „Ja, ja!
Herr Nachbar, ick bin och noch da!

Und wie der Vogel frisch und süß
sein Erühlingslied erklingen ließ,
gleich muß der Erosch in rauhen Tönen
den Schusterbaß dazwischen dröhnen.

„Juchheija, heija!“ spricht der Fink.
„Fort flieg ich flink!“
Und schwingt sich in die Lüfte hoch.

„Wat!“ ruft der Frosch. „Dat kann ick och!“
Macht einen ungeschickten Satz,
fällt auf den harten Gartenplatz,
ist platt, wie man die Kuchen backt,
und hat für ewig ausgequakt.

Wenn einer, der mit Mühe kaum
geklettert ist auf einen Baum,
schon meint, daß er ein Vogel wär,
so irrt sich der.

Wilhelm Busch

Das Gruselett

Der Flügelfalgel gaustert
durchs Wiruwaruwolz
die rote Fingur plaustert
und grausig gutzt der Golz.

Christian Morgenstern

Quelle: Morgenstern, Chr. (1998), Gesammelte Werke in vier Bänden, Weyarn: Seehamer, Bd. 1, 45

Die Nadel sagt zum Luftballon

Die Nadel sagt zum Luftballon:
„Du bist rund
ich bin spitz.
Jetzt machen wir beide einen Witz,
ich weiß ein lustiges Schnettereteng:
Ich mache pick,
und du machst PENG!“

Josef Guggenmos

Quelle: Guggenmos, J. (1992), Ich will dir was verraten, Weinheim: Beltz Verlag, Weinheim und Basel, Programm Beltz & Gelberg

Das Mirakel

ein glatter zarter
ganz unbehaarter
und runder weisser
halb kalt halb heisser
herabgebeugter
ein wenig feuchter
und strammgebückter
unten gewölbter
nach oben gekölbter
birnengeformter
und ungenormter
zärtlich zu fassender
kaum loszulassender
doppelt geschweifter
sanft ausgereifter
geschwind kuranter
und eleganter
bibbernd lebendiger
ungemein wendiger
matt aufglänzender
in sich ergänzender
ein ganz normaler
und schön ovaler
entzückend banaler
neandertaler

Helmut Heissenbüttel

Quelle: Krüss, J. (Hrsg.) (1972), Seifenblasen zu verkaufen, Gütersloh: Bertelsmann, 64

Das neue Schimpfwörter-ABC

Du abgetakelter Aprilscherz!
Du birnenköpfige Bohnenstange!
Du chronisches Chamäleon!
Du dusseliger Dinosaurier!
Du epochaler Eierkopf!
Du flatterhafter Fliegenfänger!
Du geigender Gurkenhammel!
Du hirnverbrannter Himmelsschlüssel!
Du irrsinniger Igelkaktus!
Du jaulender Junimops!
Du kümmerlicher Krötenschwanz!
Du liederliches Läusebein!
Du minimale Mammutmaus!
Du nachtwandelndes Nadelkissen!
Du obergescheite Ofenklappe!
Du patentierter Pinselwisch!
Du quabbelnde Quadratqualle!
Du rostiger Ritterzwerg!
Du salbungsvoller Sauerampfer!
Du schielender Schuhsohlennagel!
Du triefende Tränentonne!
Du unverschämtes Unkenauge!
Du verschnupftes Vollmondveilchen!
Du wimmernde Wickenblüte!
Du x-beliebiges X-Bein!
Du yberflüssiges Ypsilon!
Du zittriger Zebrastreifen!

Käthe Recheis

Quelle: Das Sprachbastelbuch, Esslinger Verlag

Schimpfonade

Du sechsmal ums Salzfaß gewickelter Heringsschwanz!
Du viermal im Mehlpott gepökelter Krengeldanz!
Kropfbeißer, Kratzknacker, du hinkende Maus!
Sumpfdotter, Putzklopper, du zwickende Laus!
'ne Heulbeule biste, verdrück dich mit Soße!
Und ich geb' dir Quark mit Musik auf die Hose!
Du Giftwanstfresser, ich puste dich weg!
Und ich hol' meinen Bruder, der spuckt mit Dreck...

Ihr Kinder, wir müssen nach Hause gehn!
Och, Mutti, wir spielen doch grad so schön.

Hans A. Halbey

Streichelwörter ABC

du allerliebstes Anemönchen
du beseeltes Butterblümchen
du charmanter Cherubim
du dusseliges Daunenfederchen
du erhabenes Engelchen
du funkelnder Freudenschein
du glitzerndes Grashälmchen
du heißgeliebtes Honigweibchen
du immergrünes I-Tüpfelchen
du jadefarbenes Juwel
du kunterbuntes Kinkerlitzchen
du lüsternes Liebchen
du mütterliches Mandelauge
du naseweises Nudelchen
du opalfarbenes Osterglöckchen
du pummeliges Pünktchen
du quicklebendiges Quellchen
du rühriges Rumpelstilzchen
du säuselnder Sonnenstrahl
du tanzendes Tautröpfchen
du ulkiges Ührchen
du verspieltes Vögelchen
du wonniges Wuschelköpfchen
du xanthippisches Xylophönchen
du yoldische Yuccablume
du zerbrechliches Zittergräschen

Christine Schönherr

Quelle: Handerer, H. / Schönherr, Chr. (1994), Körpersprache und Stimme, München: Oldenbourg Schulbuchverlag GmbH, Prögel Praxis 185, 28

Mein Ball

Mein Ball
zeigt, was er kann,
hüpft
hoch wie ein Mann,
dann hoch wie eine Kuh,
dann
hoch wie ein Kalb,
dann
hoch wie eine Maus,
dann
hoch wie eine Laus,
dann
ruht er sich aus.

Josef Guggenmos

Quelle: Guggenmos, J. (1992), Ich will dir was verraten, Weinheim: Beltz Verlag, Weinheim und Basel, Programm Beltz & Gelberg

Spatzensalat

Auf dem Kirschbaum Schmiroschmatzki
saß ein Spatz mit seinem Schatzki,
spuckt die Kerne klipokleini
auf die Wäsche an der Leini.
Schrie die Bäurin Bulowatzki:
„Fort, ihr Tiroteufelsbratzki!"
Schrie der Bauer Wirowenski:
„Wo sind meine Kirschokenski?
Fladarupfki! Halsumdratski!
Hol der Henker alle Spatzki!"

Friedrich Hoffmann

Quelle: Sennlaub (Hrsg.) (1986), Und mittendrin der freche Hans, Berlin: Cornelsen

Pinguine

Auch die Pinguine ratschen, tratschen,
Klatschen, patschen, watscheln, latschen,
Tuscheln, kuscheln, tauchen, fauchen
Herdenweise, grüppchenweise
Mit Gevattern,
Pladdern, schnattern
Laut und leise.
Schnabel-Babelbabel-Schnack,
Seriöses, Skandalöses, Hiebe, Stiche.

Oben: Chemisette mit Frack.
Unten: lange, enge, hinderliche
Röcke. – Edelleute, Bürger, Pack,
Alte Weiber, Professoren.
Riesenvolk, in Schnee und Eis geboren.
Sie begrüßen herdenweise
Ersten Menschen, der sich leise
Ihnen naht. Weil sie sehr neugierig sind.
Und der erstgesehene Mensch ist neu.
Und Erfahrungslosigkeit starrt wie ein kleines Kind
Gierig staunend aus, jedoch nicht scheu.

Riesenvolk, in Schnee und Eis geboren,
Lebend in verschwiegner Bucht
in noch menschenfernem Lande.
Arktis-Expedition. – Revolverschuß -:
Und das Riesenvolk, die ganze Bande
Ergreift die Flucht.

Joachim Ringelnatz

Quelle: Ringelnatz, J. (o.J.), Gedichte Gedichte, Gütersloh: Bertelsmann, 104

Die Tulpe

Dunkel
war alles, und Nacht.
In der Erde tief
die Zwiebel schlief,
die braune

Was ist das für ein Gemunkel,
was ist das für ein Geraune,
dache die Zwiebel, plötzlich erwacht.
Was singen die Vögel da droben
und jauchzen und toben?

Von Neugier gepackt,
hat die Zwiebel einen langen Hals gemacht
und um sich geblickt
mit einem hübschen Tulpengesicht.

Da hat ihr der Frühling entgegengelacht.

Josef Guggenmos

Quelle: Guggenmos, J. (1992), Ich will dir was verraten, Weinheim: Beltz Verlag, Weinheim und Basel, Programm Beltz & Gelberg

Pampelmusensalat

Bei der Picknickpause in Pappelhusen
aß Papa mit Paul zwei Pampelmusen.
Doch bei dem Pampelmusengebabbel
purzelte plötzlich der Paul von der Pappel
mit dem Popo in Papas Picknickplatte,
wo Papa die Pampelmusen hatte.
„O Paul",, schrie Papa, „du bist ein Trampel!
Plumpst mitten in meine Musepampel –
ich wollte sagen: in die Mampelpuse –
nein: Pumpelmase – nein: Pampelmuse!"
Das gab vielleicht ein Hallo!
Die Pappeln, der Papa, der Paul und sein Po,
das Picknick, die Platte (um die war es schad) –
das war ein Pampelmusensalat!

Hans A. Halbey

Gedicht in Bi-Sprache

Ibich habidebi dibich
Lobittebi, sobi liebib.
Habist aubich dubi mibich
Liebib? Neibin. vebirgibib.

Nabih obidebir febirn,
Gobitt seibi dibir gubit.
Meibin Hebirz habit gebirn
Abin dibir gebirubiht.

Joachim Ringelnatz

Quelle: Ringelnatz, J. (1982), Das Gesamtwerk in 7 Bänden, hrsgg. von W. Pape, Berlin: Henssel

Das große Lalula

Kroklowafzi? Semememi!
Seiokronto – prafriplo:
Bifzi, bafzi; hulalemi:
quasti basti bo ....
Lalu lalu lalu lalu la!

Hontraruru miromente
zasku zes rü rü ?
Entepente, leiolente
klekwapufzi lü?
Lalu lalu lalu lalu la!

Simarar kos malzipempu
silzuzankunkrei!
Marjomar dos: Quempu Lempu
Siri Suri Sei!
Lalu lalu lalu lalu la!

Christian Morgenstern

Quelle: Morgenstern, Chr. (1998), Gesammelte Werke in vier Bänden, Weyarn: Seehamer, Bd. 1, 16

4. Übersicht der Spiele und Übungen nach Einsatzbereichen

	Förder-schwerpunkt	Gruppe	Einzel	ohne Material	mit Musik	zu Hause
Geisterkerze	Atmung	X		X	X	55
Pusterennen	Atmung	X	X		X	56
Waldspaziergang	Atmung		X	X		57
Bootstour	Atmung		X			58
Schwungatmung	Atmung		X			59
Zauberpapier	Atmung	X	X	X	X	61
Luftikus	Atmung	X			X	62
Luftantrieb	Atmung	X	X		X	63
Regatta	Atmung	X	X		X	64
Feuerwehr	Atmung	X	X	X	X	66
Flugschau	Atmung	X		X	X	67
Rote Socken	Atmung	X		X	X	68
Minutensummer	Atmung	X	X	X	X	70
Fusion	Atmung	X		X	X	71
Wirbelsturm	Atmung		X			72
Seifenblasenspiele	Atmung	X		X	X	73
Geräuschmaschine	Atmung		X	X		74
Kreispusteball	Atmung		X			75
Baum im Wind	Atmung	X	X		X	76
Motz- und Meckerinsel	Atmung		X			78
Horchlauf	Hören		X	X		83
Schatzwächter	Hören		X			84
Mr. X	Hören		X	X		85
Landeanflug	Hören		X	X		86
Familie Meyer	Hören		X	X		88
Störsender	Hören		X	X		90
Muh-Mäh	Hören		X	X		91
Disco-Besuch	Hören		X	X		92
Hörführung	Hören	X	X	X	X	93
Kassettenrekorder	Hören	X	X		X	94
Tierisch	Hören		X	X		96
Annäherung	Hören		X	X		98
Geräuschememory	Hören	X	X		X	99
Menschengeräuschememory	Hören		X	X		100
Klapperschlange	Hören	X	X			102
Reifengewitter	Hören		X			104

	Förder-schwerpunkt	Gruppe	Einzel	ohne Material	mit Musik	zu Hause
Klackerei	Hören	X	X		X	105
Flohfänger	Hören		X	X		106
Doppeldeutig	Hören	X	X	X	X	108
Minutenaufnahme	Hören	X	X	X	X	109
Das bin ich!	Selbst-/Fremdwahrn.	X	X		X	113
Körperchaos	Selbst-/Fremdwahrn	X		X	X	115
Körperreise	Selbst-/Fremdwahrn	X	X	X	X	117
Riesenzwergewackelpuddingb.	Selbst-/Fremdwahrn		X	X		119
Marionettentheater	Selbst-/Fremdwahrn	X		X	X	120
Halte dich bedeckt	Selbst-/Fremdwahrn		X			121
Bildhauer	Selbst-/Fremdwahrn	X	X	X	X	123
Beschwernis	Selbst-/Fremdwahrn	X	X		X	125
Menschenrüttelbank	Selbst-/Fremdwahrn		X	X		127
Treffer	Selbst-/Fremdwahrn	X		X	X	128
Geheimschrift	Selbst-/Fremdwahrn	X	X	X	X	129
Klammerstachelschwein	Selbst-/Fremdwahrn	X	X		X	130
Abdeckung	Selbst-/Fremdwahrn		X		X	132
Umraum	Selbst-/Fremdwahrn	X	X	X	X	134
Personenraten	Selbst-/Fremdwahrn		X		X	135
Außerirdische	Selbst-/Fremdwahrn		X		X	136
Aus dem Bauch heraus	Selbst-/Fremdwahrn		X	X	X	137
Gesichtertausch	Selbst-/Fremdwahrn		X	X		138
Lautloser Vorname	Selbst-/Fremdwahrn		X	X	X	139
Groß und breit	Selbst-/Fremdwahrn	X	X	X	X	140
Hier bin ich!	Komm./Interakt.		X	X		143
Gespräch am Gartenzaun	Komm./Interakt.	X		X	X	144
Eiswürfelchen-Tauen	Komm./Interakt.		X	X		145
Brülldiktat	Komm./Interakt.		X			146
Spiegelbild	Komm./Interakt.	X		X	X	148
Raseraupe	Komm./Interakt.		X	X		149
Waldspaziergang	Komm./Interakt.		X	X	X	150
Wuselei	Komm./Interakt.		X			152
Ezwodezwo	Komm./Interakt.	X	X		X	153
Hand- und Fußtheater	Komm./Interakt.		X		X	155
Fühlpost	Komm./Interakt.		X	X	X	156
Wollknäuelei	Komm./Interakt.		X	X	X	157
Inforennen	Komm./Interakt.		X	X		158
Brötchentütenbrabbelei	Komm./Interakt.	X		X	X	159
Namensplatz	Komm./Interakt.		X	X		161

	Förder-schwerpunkt	Gruppe	Einzel	ohne Material	mit Musik	zu Hause
Ursachenforschung	Komm./Interakt.		X	X		162
Paarlauf	Komm./Interakt.		X	X		163
Ho! Ha!	Komm./Interakt.		X	X		164
Vampir	Komm./Interakt.		X	X		165
Scharadenraten	Komm./Interakt.		X	X		166
Zoobesuch	Experimentieren		X	X		169
Menschenradio	Experimentieren	X	X		X	170
Riesenwürfelei	Experimentieren		X		X	172
Gruselstunde	Experimentieren	X	X		X	174
Trompetenwettbewerb	Experimentieren	X	X		X	175
Verwandlungskünstler	Experimentieren	X	X	X	X	176
Stämmespiel	Experimentieren		X	X		177
Riesenklavier	Experimentieren		X			179
Alien	Experimentieren		X	X		180
Kreispantomime	Experimentieren		X	X		182
Opernball	Experimentieren	X	X	X	X	184
Brabbelei	Experimentieren	X	X	X	X	185
Brummkreisel	Experimentieren	X	X	X	X	186
Sportveranstaltung	Experimentieren		X	X	X	187
Monster	Experimentieren		X	X		188
Wörterball	Experimentieren		X	X		189
Geräuschbewegungsbörse	Experimentieren		X	X		191
Schimpfworterfinder	Experimentieren	X	X	X	X	192
Raketenstart	Experimentieren	X	X	X	X	194
Reise durch die Galaxie	Experimentieren		X			195
Aramsamsam	Rhythmus		X	X	X	199
Affentanz	Rhythmus		X	X		200
Rhythmuskopierer	Rhythmus	X	X		X	201
Namensecho	Rhythmus		X	X	X	202
Apatschen-Begrüßung	Rhythmus		X	X	X	203
Tausendfüßler	Rhythmus		X	X		205
Körperorchester	Rhythmus	X	X	X	X	206
Versteinern	Rhythmus		X	X		207
Ja-Nein-Sager	Rhythmus		X	X		208
Katzenmusik	Rhythmus		X	X	X	209
Ene mene miste...	Rhythmus		X	X	X	211
Seerosenteig	Rhythmus		X			212
Dreizehn ruft Vier!	Rhythmus		X	X		214
Kaffeeklatsch	Rhythmus	X	X	X	X	216

	Förder-schwerpunkt	Gruppe	Einzel	ohne Material	mit Musik	zu Hause
Ballmaschine	Rhythmus		X			217
Takt-Schau	Rhythmus		X	X		219
Großer Wurf	Rhythmus		X			221
Tonfolgen	Rhythmus		X			223
Musikalische Begrüßung	Rhythmus		X	X		224
Klopfsender	Rhythmus		X	X	X	226

Literatur

Beudels, W./Lensing-Conrady, R./Beins, H.J. (8. Aufl. 2001): Das ist für mich ein Kinderspiel. Handbuch zur psychomotorischen Praxis. Dortmund: borgmann publishing

Beudels, W./Kleinz, N./Delker, K. (Hrsg.) (1997): Außer Rand und Band. WenigKostenvielSpaßGeschichten mit Alltagsmaterialien. Dortmund: borgmann publishing.

Bruner, J.S. (1987): Wie das Kind sprechen lernt. Bern, Stuttgart, Toronto: Hogrefe

Bühler., K. (1934): Sprachtheorie. Die Darstellungsfunktion der Sprache. Stuttgart

Eckert, R. (1992): Psychomotorik in der Entwicklung. Geschichte und Perspektiven der Psychomotorik in Deutschland, insbesondere im Hinblick auf die Arbeit mit Sprachbehninderten. In: Lotzmann, G. (Hrsg.): Psychomotorik in der Sprach-, Sprech- und Stimmtherapie. Stuttgart: Fischer

Eggert, D. (1994): Theorie und Praxis der psychomotorischen Förderung. Band I (Textband), Band II (Praxisband). Dortmund: borgmann publishing

Eggert, D./Lütje, B./Johannknecht, A. (1990): Die Bedeutung der Psychomotorik für die Sprachbehindertenpädagogik. Teil I und II. In: Die Sprachheilarbeit 35 (5), 106-121, 230-245

Fischer, K./Irmischer, T. (1989): Psychomotorik in der Entwicklung. Schorndorf: Hofmann

Habermann, G. (1996): Stimme und Mensch. Beobachtungen und Betrachtungen. Heidelberg: Median

Irmischer, T./Fischer, K. (Hrsg.)(1993): Bewegung und Sprache. Schorndorf: Hofmann

Katz-Bernstein, N. (1995): Rollenspiel. Heute König, morgen Diener. In: Tarr Krüger, I., Katz-Bernstein, N. (Hrsg.) Wann braucht mein Kind Therapie? Die acht wichtigsten Methoden. Stuttgart: Kreuz.

Kleinert-Molitor, B. (1989): Das Spielgeschehen als Sprachlernort – psychomotorisch orientierte Sprachentwicklungsförderung. In: Grohnfeldt, M. (Hrsg.): Grundlagen der Sprachtherapie. Berlin: mMarhold, 252-265

Kiphard, E.J. (1992): Die Rolle der Psychomotorik im Rahmen sprachheilpädagogischer Arbeit. In: Praxis der Psychomotorik (2), 84-89

Kuntz, S. (1997): Wahrnehmungstherapien und Sprachentwicklungsförderung – Erfahrungen, kritische Aspekte und Perspektiven. In: Der Sprachheilpädagoge 29 (3), 1-14

Lichtenberg, J.D. (1991): Psychoanalyse und Säuglingsforschung. Berlin, Heidelberg: Springer

Neuber, N. (2000): „Wie bei Hempels unterm Sofa?“ – Bewegungstheater als Konzept kreativer Bewegungserziehung. In: Lensing-Conrady, R. et al. (Hrsg): Adler steigen keine Treppen. Dortmund: borgmann publishing, 153-169

Nienkerke-Springer, A. (2000): Die Kinderstimme – Ein systemischer Förderansatz. Neuwied, Berlin: Luchterhand

Nienkerke-Springer, A. (2000 a): Beratungs- und Therapiekonzept für Familien stimmauffälliger Kinder auf systemtheoretischer Grundlage. In: Forum Logopädie, Heft 4 (14), 7, 17-22

Nienkerke-Springer, A. (1994). Körper und Stimme in der Bewegung – Ausdruck psycho-physischen Befindens. Tanztherapie als begleitende Methode in der Stimmbehandlung. In: Grohnfeldt, M. (Hrsg.) Handbuch der Sprachtherapie. Bd.7: Stimmstörungen. Berlin: Marhold, 386-408.

Olbrich, I. (1986): Die Integrierte Sprach- und Entwicklungstherapie. In: Grohnfeld, M. (Hrsg.): Grundlagen der Sprachtherapie. Berlin: Marhold

Olbrich, I. (1995): Mit Eltern und entwicklungsauffälligen Kindern spielend kommunizieren lernen: Grundstrukturen einer Entwicklungsförderung für Kinder, Eltern und TherapeutInnen. In: Kiphard, E.J./Olbrich, I. (Hrsg.): Psychomotorik und Familie. Psychomotorische Förderung im Umfald von Therapie und Pädagogik. Dortmund: verlag modernes lernen, 45-63

Papousek, M. (1994): Vom ersten Schrei zum ersten Wort. Anfänge der Sprachentwicklung in der vorsprachlichen Kommunikation. Bern: Huber

Schulz von Thun, F. (1992): Miteinander Reden, Bd. 1. Störungen und Klärungen. Reinbek: rororo

Seewald, J. (1991): Von der Psychomotorik zur Motologie. Über den Prozeß der Verwissenschaftlichung einer Meisterlehre. In: Motorik 14 (1), 3-16

Seewald, J.: (1993): Entwicklungen in der Psychomotorik. In: Praxis der Psychomotorik 18 (4), 188-193

Shapiro, L.E. (1998): EQ für Kinder. Wie Eltern die Emotionale Intelligenz ihrer Kinder fördern können. München: dtv

Stern, D.N. (1993): Die Lebenserfahrung des Säuglings (3. Auflage) Stuttgart: Fischer

Watzlawick, P., Beavin, J.H., Jackson, D.D. (1990): Menschliche Kommunikation. Bern: Huber

Zimmer, R., Cicurs, H. (1995): Psychomotorik. Neue Ansätze im Sportförderunterricht und Sonderturnen. 4. unveränderte Auflage. Schorndorf. Hofmann